어머니 세움

어머니
세움

청소년 자녀를
성공적으로 키우기 위한

박미숙 지음

역사하신 하나님의 모습이
이 책을 통해 우리에게 드러날 것입니다

　제가 박미숙 선생님을 처음 만난 것은 1987년 무렵입니다. 저는 가족들과 함께 교회에서 허락한 첫 안식년을 가지면서 런던에서 훈련을 받고 있었고, 당시 청년 박미숙은 OM의 터닝 포인트 팀으로 런던에서 무슬림 전도 사역을 하고 있었습니다. 그 팀에 대한 저의 인상은 아주 힘들고, 헌신적이고 그리고 가난한 팀이라는 것이었습니다. 이듬해 청년 박미숙이 청년 이찬형 형제와 결혼을 하고 런던으로 오게 되자 자연스럽게 함께 교제하게 됐습니다.

　이후 제가 담임목사로 섬기던 서울영동교회에서 남편 이찬형 전도사를 신학 장학생으로 세우게 되면서 박미숙 선생님과 같은 교회 식구가 되었습니다. 미국에 가서 공부하고 사역할 때, 샘물교회 사역자로 섬길 때 이찬형·박미숙 목사님 내외는 늘 가까운 곳에 있었고, 함께 교제를 나눌 수 있었습니다.

　그러다 2007년 아프간 피랍 사건 이후 이찬형 목사님께서 샘물교회 청년회 담당 목사로 부임하면서 다시 한 공동체에서 일하게 되었습니다. 지금은 이찬형 목사님이 샘물중고등학교장으로, 박미숙 선생님은 학부모 교육 담당자로 기독교 학교를 세우는 사역을 함께하고 있습니다.

박미숙 선생님을 처음 만난 이후 무려 28년의 세월이 지났습니다. 그 동안 한 그리스도인으로서, 선교사로서, 아내로서, 어머니로서 그리고 사모로서 자신의 길을 묵묵히 걷는 박미숙 선생님을 보아왔습니다. 청년이었을 때부터 지금까지 그녀는 언제나 하나님의 소명을 따라 살고자 하는 열망과 헌신의 삶을 살아내고 있습니다.

그녀의 삶과 인격이 담겨 있는 책 《어머니 세움》을 내게 되어 진심으로 기뻐하며 이 책이 많은 어머니들과 만나길 기다립니다. 특히 가정에서 어머니의 역할을 어떻게 해내야 하는지, 어머니로서 어떻게 기도하고, 어떻게 서 있어야 하는지 목말라하는 어머니들에게 이 책을 권합니다.

이 책에서는 어머니가 눈을 감고 자신의 자녀를 하나님의 자녀로 바라보는 시간이 누적될 때 비로소 자녀의 마음을 볼 수 있다고 말합니다. 자녀의 마음에 있는 두려움, 염려, 불안, 고통이 무엇인지 볼 수 있다는 것입니다. 어떻게 응원해야 하는지 알 수 있다는 것입니다.

눈을 감는 것은 기도하는 것입니다. 지금보다 더 척박한 세상을 살아갈 다음 세대인 우리 자녀들을 '섬기는 예수 제자'로 바로 서게 하기 위해서는 어머니들의 큰 기도가 필요합니다. 다음 세대를 위한 하나님의 역사가 이 책을 통해 우리에게 드러날 것입니다.

박은조(은혜샘물교회 목사,
샘물 중고등학교 이사장, OM 코리아 이사장)

봄이 시작되면서 한산했던 했던 동네 카페마다 어머니들로 가득합니다. 새 학기가 되어 정작 아이보다 분주한 사람들은 학교 밖 어머니란 생각이 듭니다. 새 학교, 새 학급, 새 담임, 새 친구…. 이런 단어들로 인해 설레는 아이들과 달리 자녀들의 학습과 학원 정보를 주고받는 어머니들의 진지한 모습에서 '좋은 엄마, 능력 있는 엄마, 자녀 잘 키운 엄마'라는 이름을 향해 줄서기를 마다하지 않는 열정을 볼 수 있었습니다. 왜 아니겠습니까. 끊임없이 비교하고 줄 세우기를 하는 학교와 사회에서 자라야 하는 여린 자녀들을 생각하면 엄마로서 해야 할 것들을 무엇이든 찾지 않을 수 없습니다. 우리 사회는 엄마들을 학교 밖에서 줄 세웁니다.

어머니들은 자문합니다.

"이 정도로 충분한가?"

그러나 우리 믿음의 어머니는 또 다른 물음 앞에 서 있습니다.

"이렇게 해야 하나? 이것이 아니라면 어떻게 해야 하나?"

이 물음은 기도가 되었고, 그 기도가 가슴에 흐르는 어머니들이 모여 주께서 바른 어머니로 세워주시길 간구하는 물줄기를 만들었습니다.

기독대안학교인 샘물중고등학교에서 다양한 부모교육이 진행되는 가운데, 2011년부터 〈어머니 세움〉이 시작되었습니다. 강의와 더불어 샘물의 어머니들과 나누는 간증과 기도를 통해 세상 속 줄 서기를 멈추고 하나님이 부여하신 어머니의 이름으로 세워지는 시간들을 지속적으로 누려 왔습니다.

이 책은 〈어머니 세움〉 강의를 중심으로, 청소년 자녀를 키우는 어머니들과 나누는 글입니다. 매일 자라는 자녀의 변화, 예상치 못한 자녀의 반응, 보일 듯 보이지 않는 자녀의 미래 앞에서 하나님이 부여하신 거룩한 이름 '어머니'로 함께 세워지기 위한 초대의 글입니다.

어머니, 당신의 품에 안긴 자녀가 자라고 있으니 어머니의 품도 자라야 합니다. 그 이름이 담긴 하나님의 성품을 하나하나 깨닫고 자발적으로 변화하고 지속적으로 자라야 합니다. 어머니인 우리를 통해 하나님은 다음 세대가 거룩하게 준비되길 꿈꾸시기 때문입니다.

이제 하나님의 꿈을 우리가 함께 꾸고 누릴 시간입니다. 그리고 곧 우리의 자녀를 통해 그 꿈을 보게 될 것입니다.

차례

1강

어머니, 당신은

농부입니다

상상하라

여성이 엄마로 변신하는 첫 순간은 아마도 임신 소식을 들었을 때일 것입니다. 막연하고 낭만적으로 상상했던 '아가와 예쁜 엄마'에 대한 환상은 몸의 변화와 출산 과정을 지나면서 조금씩 깨지기 시작합니다. 제때 잠을 못 자고 못 먹는 것은 물론이고, 제대로 몸단장할 여유도 없이 몇 년 간의 육아 시간을 보내다 보면 우울감에 빠지는 것도 일상이 되어버립니다. 그래도 '엄마'라고 불러주는 아이 때문에 힘을 내며 하루하루 살아갑니다.

남들 다 하는 일, 배우지 못한 이전 세대들도 해왔던 일, 정석이 없다고도 하는 그 일, 바로 자녀양육이라는 '대문'에 입성하여 이렇게 한 걸음 한 걸음 가기 시작합니다. 남들 다 가는 방향으로 흘러가기 위해 전전긍긍합니다. 그런데 그 길이 조금 익숙해졌다 싶은데 어느새 어떤 사람은 아이를 데리고 더 넓은 고속도로를 달리고 있습니다. 서둘러 그 길로 달려가 모두가 힘을 다해 질주하는 대열에 합류합니다. 그렇게 한참 달리다 보면 초반의 쾌감은 사라지고 불안과 염려가 몰려옵니다.

'어디로 가는 거지?'
'내가 가려고 했던 곳은 어디였더라?'
'이들이 가는 곳은 어디지?'
'다른 길도 있을까?'
……

그러나 이 정도의 생각으로 그 길을 이탈하기 어렵다는 것을 우린 잘 알고 있습니다. 남들 다 가는 길에서 벗어나는 건 두려운 일이니까요. 가던 길을 멈추고 생각해야 합니다. 방향을 틀고 새로운 길을 선택하려면 내가 가려는 길의 목적과 방향을 정확히 알아야 합니다. 그래야 용기를 낼 수 있습니다.

운전자에게는 목적지가 뚜렷해야 하고, 농부에게는 추수할 결실이 분명해야 하고, 운동선수에게는 결승선이 정확해야 하는 것처럼, 어머니에게는 장성한 자녀의 그림이 있어야 합니다. 그 그림을 바라보며 목적지를 정하고 방향 설정을 해야 합니다.

중학생 딸을 둔 어머니를 코칭한 일이 있습니다. 어머니는 결혼 5년 만에 품에 안은 딸을 위해 좋다는 놀이수업은 다 체험하게 했고 영어 유치원을 보내고 남들 시키는 악기와 운동, 미술 수업도 골고루 시켰습니다. 초등학교 저학년 때는 외국 연수가 좋다고 해서 1년 동안 아이를 데리고 캐나다에 다녀오기도 했습니다. 그러나 돌아온 아이는 학교생활에 적응하지 못했습니다. 그래서 자연학교를 찾아 보냈습니다.

어머니는 고비마다 장애물은 있었지만 나름 치우기도 하고 피하기도 하며 지냈습니다. 그런데 6학년이 되고 보니 학업이 많이 뒤쳐져 있었습니다. 명석한 딸아이가 이 정도야 따라잡겠지 생각하고 학원을 보내고 과외를 시켰습니다.

그러나 아이는 엄마와 매번 부딪혔습니다. 중학교에 들어가서도 공부보다는 친구와 외모에만 신경 쓰는 것 같아 한 소리 하면 영락없이 충돌했습니다. 좋다는 것은 능력껏 다 해 주었는데 왜 이렇게 된 것인지, 대체 아이를 어떻게 키워야 할지 어머니는 막막했습니다.

행복하고 풍요롭게 시작된 자녀양육이 남들 눈과 남들 생각을 따라가다가 그만 길을 잃고 만 것입니다. 그 어머니는 이러다 남들이 말하는 10%를 위한 들러리로 내 아이가 서 있을 것 같다며 괴로워했습니다. 더 늦기 전에 대안을 찾으려고 애쓰는 어머니의 마음을 우리는 모두 공감합니다.

'꼬리가 되지 말고 머리가 되어라', '공부 잘하는 친구를 사귀고 그 친구를 닮아라', '좋은 대학 가면 다 해결된다'. 부모인 우리가 자라면서 들어왔고 지금 자녀를 키우면서 하는 말일 것입니다. 우리는 한 사람의 인생을 머리와 꼬리로 구분지어 평가하라고, 성적으로 좋은 친구 나쁜 친구를 나누라고, 학벌로 행복이 측정된다고 대물려 말하고 있습니다.

그렇게 부모 세대에게 듣고 자라고, 그런 줄 알고 살아봤지만 그렇지 않다는 것을 경험해 놓고도 또 다시 같은 오류를 자녀 세대에게 반복하며 너희도 그렇게 살아보라고 합니다. 과연 우리 자녀 세대가 부모가 되어서 뭐라 할까요. 부모인 우리보다 더 좋은 환경에서 많이 배웠으니 더 나은 생각을 할까요?

멈추어야 합니다. 멈추어서 다시 생각해야 합니다. 처음 순간부터 다시 생각하고 새롭게 상상해야 합니다.

어머니가 되어 처음 생명을 품에 안았을 때를 기억하십니까? 그 작은 생명을 가슴에 품은 순간 세상 어떤 것도 부럽지 않았을 것입니다. 이 아이가 행복한 삶을 살아가도록 최선을 다해주고 싶다고 생각하셨을 것입니다.

갓난아이를 품에 안으면서 걸어 다니는 모습을 상상하고, 걷고 뛰는 모습을 보면서 가방 매고 학교 다닐 때를 생각하고, 학교에 들어가 공부하는 모습을 보며 대학생이 된 모습을 기대했습니다. 대학입시라는 산을 넘어가면 취직하고 가정을 꾸리는 모습을 꿈꿀 것입니다. 갓난아이가 성장하고 가정을 이루기까지는 정말 많은 노력과 수고와 희생과 인내가 필요합니다. 그렇다고 원하는 결과를 얻는다는 보장도 없습니다.

그런데 아시죠? 그 품에 안겼던 핏덩이가 지금은 뿔난 사춘기를 보내고, 자기 잘난 줄 아는 20대를 보낼 것이고, 사랑 때문에 몸살 앓다 결혼하고, 유난 떨며 부모 노릇 할 것이고, 몸이 안 아픈 데가 없다며 중년을 지나 흰머리 가득한 노인이 되어 인생의 뒷면으로 사라져 간다는 것을 말입니다.

그냥 살면 누구나 이와 비슷하게 살아갑니다. 그래서 멈추어야 합니다. 다시 생각하고 새롭게 상상해야 합니다. 세상의 가치를 따라 사는 많은 사람들의 그저 그런 인생이 아니라, 자신에게만 주어진 자신의 몫을 살아가도록 해야 합니다.

장성한 성도의 모습을 상상하십시오.
장성한 성도의 모습으로 자녀의 미래를 상상하십시오.

세상의 기준과 성도의 기준이 다르니 목적과 방향도 다를 것입니다. 선택도 다르고 과정도 다르고 속도도 다를 수밖에 없습니다. 다른 것은 틀린 것이 아니고, 느린 것은 나쁜 것이 아닙니다.

자녀의 오늘이 빨리 가는 아이들과 다르게 가더라도, 느리게 가더라도 마음에 담긴 그림이 있다면 함께 즐겁게 갈 수 있습니다. 그래서 지금은, 멈추어 서서 눈을 감고 상상해야 합니다.

농부를 통해 배우라

　　이른 봄, 농부는 겨울을 지나 아무것도 없는 땅을 보며 주렁
주렁 알곡이 가득한 추수 때를 상상합니다. 그 상상을 마음에 담
고 빈 땅을 일굽니다. 온몸이 아파도 딱딱한 땅에서는 마음에 담
은 풍요로운 모습이 이루어질 수 없기에 대충하지 않습니다. 어
린잎이 나와 자라는 동안에도 다 자란 알곡이 될 것을 기대하며
정성껏 하나하나 보살핍니다. 철을 따라 수고를 마다하지 않는
것은 처음 상상했던 황금들판을 보기 위해서입니다.

　　결과를 상상하는 농부는 과정을 함부로 하지 않습니다. 적당
히 기분 나는 대로 하지 않습니다. 농부의 돌보는 손길이 과해도

안 되고 부족해도 안 되기에 예민하고 섬세하게, 정확하고 일정하게 때를 따라 필요를 채워줍니다.

사과나무를 키우는 농부는 아무리 어린 묘목을 돌보더라도 크고 장성한 나뭇가지가 쭉쭉 뻗어 무성한 잎으로 뒤덮이고 그 사이에서 빨간 사과가 주렁주렁 달릴 것을 상상합니다. 농장일이 아무리 고되어도 열매 가득한 나무를 상상하고 미리 가슴 뿌듯해합니다. 왜냐하면 이미 농부의 마음에는 '장성한 나무의 그림'이 있기 때문입니다. 그래서 어린 묘목을 보아도 장성한 나무를 기대하며 대합니다. 나무가 연약해 보이면 거름도 주고 가지도 쳐 주면서 장성한 나무를 상상합니다.

어머니는 어떻습니까? 우리는 자녀를 어떻게 대합니까? 자녀에게 함부로 대하는 부모는 자녀의 미래를 상상하지 못하는 사람입니다. 자녀가 어떤 존재인지, 어떤 누구로 살아가야 할지 마음에 그림이 없는 분입니다. 그동안 어떤 시간을 보냈고 지금 어떤 시간들을 지나고 있는지 안다면 함부로 할 수 없으니까요. 어제가 누적되어 오늘의 모습이 만들어졌습니다. 따라서 한 번 야단친다고 바뀌지 않습니다.

혹시, 10대 자녀에게 아직도 매를 대는 부모님이 있습니까? 그럼 말을 잘 듣나요? 아니면, 욕이나 그에 준하는 심한 폭언을 하는 부모님이 있습니까? 그럼 아이가 잘못했다고 깨닫나요? 그 정도는 아니라도 소리 지르거나 화내는 부모님들이 있습니까? 그럼 무서워하나요?

맞는 자녀의 가슴엔 화가 쌓이고, 욕을 자주 듣는 자녀의 마음은 일그러집니다. 부모의 분노를 먹는 자녀는 마음에 병이 듭니다.

그동안 청년들의 상담을 통해 본 것은 부모의 통제되지 않은 다양한 학대 즉, 신체 폭력, 언어 폭력, 정서 폭력 등이었습니다. 신체 폭력은 아시는 대로 신체를 구타하는 행위이고, 언어 폭력은 욕설뿐 아니라 존재를 무시하거나 비하하는 말들, 다른 사람들 앞에서 수치스럽게 하는 등의 상처를 주는 행위를 포함합니다.

부모들이 홧김에 내던지는 독설은 쉽게 사라지지 않습니다. 가끔이라도 반복되는 부모의 무시와 차별은 깊은 상처로 남아 있습니다. 이런 학대 경험은 자녀의 마음을 병들게 합니다. 청소년기에 마음이 병든 자녀들은 아프고 텅 빈 마음을 채우기 위해 대상을 찾아 헤맵니다. 자기 마음을 알아주는 친구나 이성을 만나면 그 관계에서 헤어 나오지 못하거나 집착을 보이고, 게임이나 물질 등 쉽게 채울 수 있는 것에 빠지기도 합니다.

10대를 용케 잘 참고 지내온 아이들이라 해도 20대가 되어 여러 증상이 나타납니다. 가장 흔한 증상은 우울감과 무력감입니다. 이 청년들은 현실을 직면하지 못하고 도피하며, 한 가지를 꾸준하게 해내지 못하고 쉽게 포기합니다. 자신의 문제를 알면서도 바꾸지 못해서 낙담하고 좌절합니다. 이것은 오랜 시간 반복된 경험과 기억으로 생긴 마음의 병이기 때문에 문제를 안다고 해결되거나 단번에 치유되지 않습니다. 이렇듯 성장기 학대 경험은 내면에 깊게 자리잡습니다.

학대는 하는 사람의 관점이 아니라 받는 사람의 관점입니다. 자녀가 어떻게 느끼는가가 그 기준이 됩니다. 부모의 그 말을, 그 행동을, 그 무반응을, 그 상황을 자녀가 어떻게 느끼는가가 학대입니다. 부모는 기억도 나지 않지만 자녀는 방치되었다고 느끼고, 버려졌다고 느끼고, 무시되었다고 느끼고, 학대받았다고 느낄 수 있습니다. 지금 자녀가 조금 부족하다고, 맘에 들지 않는다고 함부로 대한다면 10년 후, 20년 후에 깊은 상처로 아파하는 자녀의 모습을 보게 될 것입니다.

여러분의 눈에는 누가 보입니까?
자녀의 어떤 모습이 보입니까?

우리가 다 하나님의 아들을 믿는 것과 아는 일에 하나가 되어

온전한 사람을 이루어 그리스도의 장성한 분량이 충만한 대까지 이르리니 …… 오직 사랑 안에서 참된 것을 하며 범사에 그에게까지 자랄지라. 그는 머리니 곧 그리스도라. (에베소서 4:13~15)

성경은 그리스도를 믿는 것과 아는 것에 장성한 분량만큼 자랄 것을 명하고 있습니다. 그 모습을 상상하며 자라라고 하십니다.

상상하지 않는 일은 일어나지 않습니다. 수고하지 않은 결실은 없습니다. 나의 모습은, 그리고 자녀의 모습은 기능에 있지 않고 본질에 있습니다.

하나님의 자녀로 그리스도를 믿고 알아가는 온전한 사람의 모습을 상상하십시오. 지금은 당연히 턱없이 부족합니다. 그러나 우리 생명의 본질은 하나님의 자녀이므로 그리스도의 장성한 분량까지 자랄 것이기에 그 어떤 잣대로도 평가받지 않습니다. 오직 하나님의 자녀로 존재할 뿐입니다.

농부처럼, 장성한 모습을 상상하며 오늘 나의 자녀를 하나님의 자녀로 존귀하게 대하십시오.

봄철 나무와 봄철 농부

인생을 사계절로 나눈다면 태어나면서 20대 초반까지를 봄철로 볼 수 있습니다. 봄철 나무는 땅의 모든 기운과 양분을 충분히 빨아들이며 맘껏 자랍니다. 솜털이 뽀송한 여린 잎들을 뿜어내면서 사방으로 줄기를 거침없이 뻗어가는 어린 봄철 나무는 그 자체로 싱그럽고 사랑스럽습니다. 여린 잎 사이로 피워 올린 꽃들은 주위의 시선을 사로잡고 탄성을 자아내게 합니다. 특히 개나리, 진달래, 벗나무, 목련 등은 이때 꽃을 피워 나무의 절정이라고도 할 수 있습니다.

그러나 나무에게 꽃은 그 자체가 목적이 아니라 씨를 품고 생명을 전파하려는 나무의 성장과정 중 한 단계입니다. 꽃을 피울 만큼의 체력을 갖기 위해 봄철 나무는 눈에 보이는 성장보다 눈에 보이지 않는 성장에 열중합니다. 바로 뿌리입니다. 하늘로 뻗어나갈 가지와 꽃들과 열매를 지탱할 뿌리를 내리기 위해 봄철 나무는 보이지 않는 땅속에서 가장 역동적인 시기를 보냅니다. 그러니 눈에 보이는 부분들은 그리 큰 문제가 아닐지도 모릅니다.

나무의 키가 얼마나 자랐는지, 잎이 몇 개가 더 열렸는지, 또 꽃이 무슨 색깔인지, 얼마나 큰지 등등의 겉으로 보이는 평가는 무의미한 비교입니다. 이럴 때 지혜로운 농부는 뿌리를 위해 양분이 충분한지 생각할 것입니다. 땅은 뿌리내리기에 충분히 부드러운지, 장애물은 없는지, 눈에 보이지 않는 땅속을 보는 것입니다. 봄철 농부는 땅속을 보는 농부, 뿌리를 돌보는 농부입니다. 즉, 마음을 보는 농부입니다.

우리 인생의 봄철도 다르지 않습니다. 실제로 7세 이전에 인격의 대부분이 형성된다고 합니다. 이때는 생각이 자라고, 관계가 확장되고, 자아가 형성되는 시기입니다. 눈에 보이지 않지만 가장 중요한 것들이 자라는 시기입니다. 생의 많은 것을 결정하는 숨겨진 성장이 일어나는 때입니다.

10대까지의 자녀를 둔 어머니는 봄철 농부입니다. 요즘은 자녀양육을 교육기관에 의존하는 부모들이 많고 그런 기관에 보내는 시기 또한 점점 빨라지고 있습니다. 집에 있는 것보다 유치원이나 어린이집 등에 보내는 것이 아이에게 더 유익하고 성장에 도움이 된다고 생각하기 때문일 것입니다.

요즘 부모들은 아이에게 많은 것을 가르치려 합니다. 그리고 빨리 배우라고 합니다. 또래 아이들이 하는 것을 다 시키려 하고 비슷한 결과를 요구합니다. 그런데 이런 요구와 기대는 청소년기로 이어지면서 자녀와 부모 모두 성공적인 결과물보다 좌절의 기록들을 쌓게 됩니다.

"남들처럼 다 시켰는데 넌 왜 이것밖에 못하니?"
"○○를 좀 봐라. 넌 왜 저렇게 못하니?"
"넌 시험을 그렇게 봐놓고 잠이 오니?"
"이렇게 하다간 네가 갈 대학은 없어. 너 나중에 뭐해 먹고 살래?"

부모의 뜻대로 되지 않는 아이에게 부모는, 어머니는 점점 더 자극적인 말로 협박합니다. 결과를 보여 달라고, 열매를 맺을 때가 되었다고, 부모의 수고와 노력과 기대에 대한 보답을 할 때가 되었다고 가지를 비틀고 흔들어 댑니다. 그러면 어떤 아이는 쥐

어찌됐든 결실을 내어 놓으려고 애를 쓸 것이고, 어떤 아이는 부모의 지나친 요구에 튕겨 나갈 것입니다.

이 시기의 아이들은 몸은 자라 부모 키를 훌쩍 뛰어넘어도 생각이나 감정은 아직 어린아이의 것을 벗어나지 못한 때입니다. 따라서 판단과 결정, 그리고 책임감 들이 자라야 하는 시기입니다. 이해와 대화를 통해 바른 교육이 일어나도록 돌보고 가르쳐야 합니다.

그러나 이 시기의 어머니는 자녀가 대학을 가기 위해 공부해야 하는 것 말고는 다른 교육은 떠올리지 못합니다. 10대 자녀에게 필요한 교육은 학문을 담을 수 있는 그릇을 만드는 것입니다. 하나님과의 관계를 자기 고백 위에 세워야 하는 시기요, 다른 사람들을 존중하고 함께 살아가는 법을 배우는 시기요, 일상을 채우는 좋은 습관들을 누적시켜야 하는 시기입니다.

봄철 농부인 어머니는 이런 자녀의 자라는 모습을, 다른 사람들의 눈에는 잘 안 보이는 내면의 모습을 볼 수 있어야 합니다. 눈에 보이지 않는 모습은 눈을 감을 때 비로소 보입니다. 눈을 감고 나의 자녀를 하나님의 자녀로 바라보는 시간이 누적될 때, 어머니는 자녀의 마음을 볼 수 있습니다. 자녀의 마음에 있는 두려움, 염려, 불안, 고통이 무엇인지 볼 수 있습니다. 어떻게 응원해야 하는지 알 수 있습니다. 그래야 어떤 도움이 필요한지 자녀와 함께 이야기할 수 있습니다.

봄철 농부로 인해 봄철 나무는 마음에 쉼을 얻고 여유를 찾아 자신이 해야 할 일을 생각하고 그 일에 정확히 집중할 수 있기 때문입니다.

여름 나무와 여름 농부

여름 나무는 왕성한 성장을 통해 자신을 확장 발전시킵니다. 봄철에 땅속에서 뿌리를 충분히 성장시킨 나무라면 여름의 강한 햇빛과 비바람도 뚫고 자랄 준비를 한 나무입니다. 여름은 강한 볕과 강한 비와 강한 바람으로 여름 나무를 매일 괴롭힙니다. 나무의 정체를 드러내라고 두드립니다. 자신이 누구인지, 무엇을 하고 싶은지 스스로 자신을 세우라고 도전합니다.

봄철을 잘 보낸 나무라면 여름의 혹독한 환경이 단지 역경이 아니라 자신의 모습을 당당히 드러낼 수 있는 계기로 만들 것입니다. 가지도 굵어지고, 잎도 진해져 나무 자신의 본색이 드러나

기 때문입니다. 굵은 줄기는 많은 열매를 감당할 것이고, 진하고 많은 잎들은 다량의 양분을 생산함으로써 풍성한 가을을 충분히 기대하게 할 것입니다.

인생의 여름은 20대부터 40대 초반으로 볼 수 있습니다. 지속적인 발전과 자기 개발이 일어나는 시기이고 결혼과 출산, 자녀 양육 등 가정을 구성하고 함께 성장하는 인생의 전환기입니다.

자녀를 키우는 부모에게 1차 의무가 무엇이냐고 묻는다면 대다수가 '대학까지 마치게 하는 것'이라고 대답합니다. 그만큼 키워 놓으면 자기 밥벌이는 할 것이고, 좋아하는 사람 선택해서 결혼할 것이라고 생각하기 때문입니다.

그러다보니 대학에 들어가기가 무섭게 '취업'이라는 생존경쟁 출발점에서 다시 달리기를 시작하라고 밀어냅니다. 자녀들은 자신이 무엇을 하며 살지, 어떤 모습으로 살지, 자신의 가치와 소명을 발견하기 위한 노력보다 취직을 준비하는 대학생활을 보내게 됩니다.

그러나 10대를 지나 20대를 시작한 자녀들은 생존을 위해 하루하루 일하는 자가 아니라 하나님의 부르심이 어떤 것인지, 누구를 위하여 무엇을 하며 누구와 함께 살아갈 것인지를 확인하고 구체적으로 그 비전을 세워나가야 합니다.

그리고 그런 자녀들 곁에서 부모는 격려자가 되어야 합니다. 대신 해 주는 것이 아니라 응원해 주는 사람이어야 합니다. 실패해도, 더뎌도, 다시 할 수 있도록 격려하고 목표한 곳까지 가도록 응원해 주는 것이 부모의 몫입니다. 그럴 때 자녀들은 목적을 잃지 않고 자신의 방향을 향해 더욱 집중하고 열정을 발휘할 것입니다.

제 딸은 1년 반 가량 직장 생활을 한 후 지금은 대학원에서 공부하고 있습니다. 그 딸을 통해 막연한 꿈이 소명으로 자라는 10대를 보고, 열정과 집중으로 자신을 준비하는 20대를 보면서 그 아이의 30대, 40대의 모습을 기대합니다.

하나님은 부모 된 우리에게 하나님의 자녀를 하나님 자신이 어떻게 키워 가시는지 보라고 하십니다. 아이들은 하나님의 넉넉한 품과 풍성한 공급을 맘껏 누리며 부족함을 채워가고 한계를 뛰어넘어 하나님의 자녀로 당당하게 설 것입니다.

자녀들이 눈부시게 자랄 수 있도록, 찬란한 여름을 보낼 수 있도록, 맘껏 누릴 수 있도록 어머니는 힘껏 땅과 울타리가 되어주어야 합니다.

여름철을 보내는 딸에게 보내는 편지

성장에도, 회복에도 시간이 걸리지?

모든 일에 시간이 걸리지만, 특히 사람이 성장하고

채워지고 익는 데는 그 만큼의 시간이 걸린단다.

은재는 나무로 말하면 여름을 보내는 나무와 같단다.

뜨거운 햇살과 비바람을 버텨내는 나무.

생각만 해도 버거울 것 같지?

그러나 그런 자연의 혹독한 세례를 통과한 나무만이

뿌리도, 줄기도 단단해지고 가지와 잎들도 무성해져서

당당한 나무가 된단다. 네 안의 열정과 꿈도 그렇게

자랄 것을 엄마는 믿는다. 앞으로 가을이 됐을 때

늘어진 가지를 자랑스럽게 할 열매들을 기대하면서 말야.

엄마는 그 나무를 경이롭게 지켜보고 있어.

은재야.

여름이 그저 혹독하기만 한 것은 아니란다.

가장 싱그럽고, 가장 뽐낼 만하고, 가장 눈부시지.

깃드는 생명들도 가장 많으니까.

너의 여름은 이제 시작이니 맘껏 누리렴.

그리고 기억해.

가을날의 노래와 겨울날의 시는 그냥
화려한 여름을 지나서 생기는 것이 아니라
여름을 열정적으로 살아내는 나무에게서만
울려나는 노래라는 것을.
네 곁에 서서 응원할 수 있어 참 행복하다.
사랑해.

                                    너의 응원자 엄마가

농부에게 있어야 할 것들

10대 자녀를 둔 어머니는 인생에서 가을 나무입니다. 말 그대로 가을은 열매 맺는 시기입니다. 열매는 한 가지에서 양분이 축적되어 결실로 드러난 결과입니다. 이 성숙의 결실은 모든 영역에서 보입니다. 여름을 성실히 보냈다면 그 누구와도 비교할 수 없는 자신만의 결실들이 가을을 풍요롭게 하고 겨울을 여유롭게 할 것입니다. 그리고 그 결실이 무엇을 위한 것인지, 얼마나 많은 사람들과 어떤 영역에서 나누며 함께 누리는지를 통해 궁극적인 사명이 드러날 것입니다. 이러한 부모의 가을과 겨울은 부모뿐 아니라 보고 자라는 자녀 세대에게 지속적으로 영향을 줄 것입니다.

그래서 부모는, 특히 어머니는 그냥 살 수 없습니다. 필요한 것을 채우고, 더 좋은 것을 갖기 위해 노력하고, 남들의 부러움을 사는 일에 마음을 빼앗기고 살아간다면, 우리의 자녀들이 비전을 마음에 품고 먼 길을 갈 때 너무 외롭고, 쉽게 지치고, 빨리 포기할지도 모르기 때문입니다.

우리가 자녀를 키우며 누리는 특권 중 하나는 다시 교육을 받는 것입니다. 잘 모르고 지냈던 어린 시절, 뒤틀어진 기억들, 왜곡된 가치관 들을 하나님 안에서 다시 해석하고 회복되는 재교육의 시간을 보내야 합니다.

인생의 봄과 여름철을 보내면서 부족하고 한계를 느꼈다면 이제 농부가 된 가을철에는 하나님을 배우고, 하나님의 방법으로 돌보고, 하나님의 방식으로 자녀와 함께 성장해 가야 합니다. 이제 가을 나무인 어머니는 더불어 자녀를 키우는 농부이기 때문입니다. 농부에게는 필요한 것들이 있습니다.

첫 번째, 호미입니다.

호미는 농사를 지을 때 쓰는 도구 중 하나로 농가에서는 빈부에 상관없이 어느 집에나 있는 것입니다. 고려가요 〈사모곡〉에서는 아버지는 낫에, 어머니는 호미에 비유합니다. 호미는 섬세하고 조심스럽게 식물 주위를 정리하는 일에 사용됩니다. 식물의 뿌리와 줄기가 다칠 세라 조심스럽게 성장에 방해가 되는 것들을 제거하는 섬세한 손길이 호미를 통해 이루어집니다. 즉 호미는 어머니의 깊고 넓은 사랑을 갖고 있습니다.

가을 나무인 어머니는 봄철을 어떻게 보내느냐에 따라 가을에 어떤 결과가 있는지를 잘 압니다. 그래서 봄철 나무인 자녀에게 할 말이 많습니다. 얼마나 지금 얼마나 열심히 수고하고 땀 흘려 뿌리를 내리고 가지를 뻗어야 하는지, 얼마나 많은 잎들을 피워내고 얼마나 많은 양분을 만들어 내야 하는지 끊임없이 말합니다. 가을 나무 때는 바꿀 수 없는 한계를 봄철 나무는 갖고 있으니까요. 어머니는 자신의 한계가 자식에게 주어지지 않도록, 어머니의 기대가 자식들에게 힘이 되었으면 하는 마음으로 호미를 듭니다.

호미는 땅을 일구는 용도입니다. 땅을 부드럽게 하고 잡초와 돌을 골라낼 때 쓰는 도구입니다. 어머니의 손에 호미가 들렸다고 함부로 땅을 헤집어서는 안 됩니다. 호미를 맘대로 어린 나뭇가지에 대면 어떨까요? 심지어 낫까지 들고 나서서 함부로 사용하면 어떻게 될까요? 당연히 나무는 큰 상처를 입을 것입니다. 그 상처는 금세 눈에 보이기도 하지만 땅속에서 파헤쳐진 상처는 흙에 가려져 쉽게 보이지 않게 마련입니다. 땅속에서 상처받은 뿌리가 자라는 것입니다.

자녀에게 상처를 주었다면, 기억나는 상처들이 눈에 보인다면 먼저 회개해야 합니다. 그리고 자녀에게 사과해야 합니다. 용서를 구해야 합니다. 그렇지 않으면 그 상처는 평생 흔적을 남기고 가슴에 분노의 응어리를 만듭니다. 물론, 하나님의 지속적인 은혜로 언젠가는 제거될 수 있지만 그 과정이 고통스럽고 좁힐 수 없는 간격을 만듭니다.

우리는 크고 작은 상처와 분노를 갖고 살았습니다. 언제 생겼는지도 모르는 분노의 응어리와 상처 들이 어느날 불쑥 튀어나와 지뢰처럼 관계를 파괴하고 성장에 장애가 되고 있음을 여전히 경험하고 있습니다.

지난 수십 년을 주의 은혜로 새롭게 빚어졌음에도 불구하고 여전히 저의 봄철의 기억은 가끔 흐리고 우울한 날들이 많고, 여름날 기억 중에는 열등감과 낮은 자존감으로 움츠러드는 모습이 남아 있습니다.

호미를 든 어머니는 부드럽게, 봄철 나무가 절대 상처 입지 않게 조심히 다가가야 합니다. 섬세한 어머니의 본성을 백분 발휘하십시오. 아버지들은 못합니다. 원치 않게, 예기치 않게, 의도하지 않게 상처가 났다면 그 일에 대해 충분히 대화하십시오.

마음을 전하십시오. 지금은 조금만 노력하면 다 전달됩니다. 자녀들은 아직 이해하고 싶어 하고, 어머니의 말을 듣고 싶어 하고, 아버지의 방문을 기다리고 있습니다. 그러나 자녀가 더 성장하게 되면 회복의 시간이 더 걸립니다. 노력이 몇 배로 들어가게 됩니다. 지금은 공부보다, 다른 실력보다, 눈에 보이지 않는 뿌리에 더 신경 써야 합니다.

두 번째 필요한 것은 땀입니다.

땀은 집중력을 발휘하여 에너지를 쏟을 때 몸이 보이는 반응입니다. 격렬한 운동이나 노동의 결과죠. 땀을 흘릴 만큼의 노동은 급격한 피로감과 근육통을 동반합니다. 농부의 땀은 만족감과 그 이상의 자부심을 더해 주는 훈장과도 같습니다. 성경에서 자녀는 부모의 면류관이라고 하지 않습니까? 땀을 흘릴 일이 많겠지만 자녀를 위해 흘리는 땀보다 더 보람되고 가치 있는 땀은 없을 것입니다. 땀은 흘릴 때 이미 보상을 받습니다.

어머니, 당신은 그동안 어떤 땀을 흘렸습니까?

자녀를 위해 흘리는 땀은 자칫 왜곡된 메시지를 전달할 수 있습니다. 자녀가 부모의 땀에 대해 감사하기보다 미안해하거나 죄책감마저 들게 하면 하나를 얻고 많은 것을 잃는 것과 같습니다. 요즘은 자녀교육비가 만만치 않게 들어갑니다. 물론 형편대로 시키고, 가진 만큼만 가르친다지만 있으면 있는 대로 들어가는 것이 교육비입니다. 그러니 어떤 부모도 교육비가 부담되지 않을 수는 없습니다.

그런데 이 부담이 자녀에게 전가되면 어떨까요? 마음에 부채의식을 갖게 하면 어떨까요? 이전 세대 부모처럼 "네가 우리집 기둥이다. 너 공부 시키려고 논밭 팔아 희생했으니."라는 말을 두고두고 한다면 어떨까요? 요즘은 그 정도는 아니지만 부모가 너희를 위해 희생한다는 메시지를 일부러 전달한다고 합니다. 너를 위해 희생하는 부모를 생각해서 공부 열심히 하라고 말입니다.

그러나 그 정도가 지나쳐 자녀를 '어머니의 비가'의 주인공으로 만들기도 합니다. '너 때문에 학교 옮기고, 너 때문에 이사하고, 너 때문에 일하고, 너 때문에 아프고'. 너 때문에, 너 때문에. 이런 노래를 어머니 스스로 부르며 자녀에게 어머니의 불행이 자신 때문이라고 생각하게 만들지는 않습니까?

하나님이 세우신 부모라면 적어도 이 정도 고백은 하셔야 합니다.

"하나님이 널 키우기 위해, 너에게 특별한 은혜를 주시려고 우리에게 땀 흘릴 기회도 주시고, 우리의 노동의 대가로 다 얻을 수 없는 물질을 허락하신 것이다. 하나님의 뜻을 알기에 우리는 공급하시는 하나님께 감사한다. 우리를 통해 너를 키우시고 공급하시는 하나님을 기억해라. 그리고 너의 모든 필요를 하나님께서 채우심을 기억해라. 부모가 다 못할 때가 온다. 그때는 하나님이 직접 하신다. 지금부터 하나님께서 부모의 실력이 아니라 하나님의 자녀로 널 키우시는 것을 보아야 한다. 함께 기도하고 함께 기대하자. 너를 끝까지 책임지고 동행하실 분은 오직 하나님이시다."

이런 부모의 고백이 있다면 자녀는 '하나님을 좇는 삶'을 배우고 '모든 소유의 주권자가 하나님'임을 배울 것입니다. 그리고 하나님의 은혜와 동행을 경험하게 될 것입니다.

거룩한 땀을 흘리십시오. 정당한 땀을 흘려야 합니다. 그리고 하나님의 공급에 만족하고 감사하는 삶으로 자녀들 앞에 서십시오.

세 번째 필요한 것은 인내입니다.

비를 기다리지 않아도 되는 넉넉한 저수지가 있으면, 하고 바라는 것이 농부의 마음입니다. 말씀은 은혜의 단비를 기다리라고 하지만, 비를 기다리지 않아도 되는 늘 물 댄 동산 같으면 좋겠다는 것이 보통 어머니의 심정입니다. 그러다보니 물 댄 동산처럼 부모가 척척 때를 따라 공급해 주고, 문제를 해결해 주고, 알아서 장애물을 다 치워 주어야 한다고 생각합니다. 그래서 늘 '없어서 못 시킨다'는 생각이 마음 한쪽에 자리잡고 있습니다.

그러나 사실 '고민 없이 해 줄 수 있는 재력'이 오히려 최악의 교육 현장을 만듭니다. 젊은이들은 유약하고, 비전이 없고, 투지가 떨어집니다. 온실 속 화초처럼 조금만 센 햇볕도 이겨내지 못하고 고개를 떨어뜨립니다. 필요를 느끼기도 전에, 얻기 위해 노력하기도 전에, 대신 준비해 놓고 입만 벌리면 넣어주는 어머니로 인해 단련할 틈도, 이겨낼 힘도 키우지 않았기 때문입니다.

부모는 열매를 바라고 기다리는 사람입니다. 이른 비도, 늦은 비도, 주권자이신 하나님의 권능에 속해 있습니다. 사실 우리 자녀가 어떤 삶을 살아야 하는지 원그림이 우리에게 있지 않습니다. 하나님께 있습니다. 그분의 가슴에 그려진 그림대로 키우기 위해 아버지께서 친히 이른 비도, 늦은 비도 정하십니다. 그리고 그것은 모두에게 각각 다릅니다.

그러므로 형제들아 주께서 강림하시기까지 길이 참으라. 보라 농부가 땅에서 나는 귀한 열매를 바라고 길이 참아 이른 비와 늦은 비를 기다리나니. (야고보서 5:7)

저는 어린 시절에 여자 나이 60이면 할머니라고 생각했습니다. 젊은 날에도 50이 넘으면 더 이상 꿈꿀 수 없다고 생각했습니다. 그러나 어떤 사람은 50에 새 일을 시작하고, 어떤 사람은

70에 열매를 맺습니다. 모든 생명이 같은 성장 주기를 갖는다면 우리는 기계처럼 정확히 공급받고 똑같은 결과를 기대할 것입니다. 그런데 모든 생명들은 그 성장 주기가 다릅니다.

대나무는 4~5년 동안 순만 나오다가 그 이후 20여 미터 이상을 한꺼번에 성장한다고 합니다. 하루에 60센티미터까지 성장하기도 합니다. 4~5년간은 다른 식물들보다 턱없이 부진하고 작게 있다가 그동안 비축한 힘을 가지고 자신의 때가 되면 주저 없이 과감하게 쭉쭉 뻗어나는 생명력을 보이는 것입니다.

체질을 바꾸는 데도 더 많은 인내가 필요합니다. 《기적의 사과나무》라는 책에서는 비료에 중독된 땅과 나무의 체질을 바꾸는 데 무려 6년이 걸렸다고 말합니다. 6년 동안 열매를 맺지 않은 나무는 성장을 멈춘 것이 아니라 땅속에서 뿌리를 무려 2미터나 뻗으며 체질을 바꾸고 있었던 것입니다.

이렇게 자기 때를 따라 성장하는 생명들은 그 자체의 성실한 시간만이 필요합니다. 비교하거나 잘하기 위한 어떤 특별한 처방이 필요하지 않습니다. 그러니 믿음의 눈을 가지고 기다려야 합니다. 인내해야 합니다.

네 번째 필요한 것은 감사입니다.

자녀를 양육하면서 많은 수고와 희생을 하지만 키우면서 받는 기쁨이 그보다 더 크다고들 말합니다. 자녀로 인해 누리는 기쁨과 즐거움은 다른 그것들과는 비교할 수 없는 차원의 것입니다.

어머니의 품을 자신의 세계로 삼아 자라는 자녀의 성장 과정을 지켜본다는 것은 가히 경이롭다고 할 수 있습니다. 그 자녀가 하나님의 자녀로 자라면서 하나님을 만나고, 경험하고, 동행하는 현장을 보는 특권을 누리니 얼마나 감사한 일입니까. 그 자녀로 인해 어머니인 우리가 배우고, 세워지고, 자라고 있으니 오히려 감사해야 합니다. 그 생명을 위해 성실히 한눈팔지 않고 달려가야 하니 어머니가 감사해야 합니다.

어머니는 자녀를 품에 안을 때까지 40주를 조심하며 함께 시간을 보냈고, 죽음과 같은 산통을 겪었습니다. 그리고 아이를 처음 만났을 때 '고맙다' '감사하다'고 말했습니다. 자녀는 존재 자체가 감사입니다.

혹, 요즘 자녀로 인해 감사한 마음이 생기지 않은 때가 종종 있으십니까? 호미를 들고 땀 흘리기를 두려워하지 않고 농사의 전 과정을 기다리는 농부처럼, 어머니의 자리에서 정확한 모습으로 서 있는 어머니가 되시길 소망합니다.

꽃들에게 희망을

봄의 상징은 꽃입니다. 마치 식물의 절정이 꽃인 것처럼 우리는 모두 꽃에만 집중합니다. 예쁜 꽃이 받는 대우는 그렇지 않은 꽃과는 비교할 수도 없습니다. 꽃값이 수십 배 차이가 나기도 하지요. 그래서 더 예쁘고 희귀한 꽃을 개발하려고 합니다. 과수원에 가 보면 사과꽃, 배꽃, 복숭아꽃 들도 참 예쁩니다. 꽃꽂이를 해 놓는다면 장소에 따라 사랑스럽게, 화려하게, 당당하게 또는 우아하게 제 몫을 다할 꽃들입니다.

그러나 과수원 농부는 자신의 집을 그렇게 장식하지 않습니다. 농부는 그 꽃이 목적이 아니기에 절대 그 꽃을 꺾지 않습니다. 그럼 그 꽃은 누가 꺾을까요? 열매에 관심이 없는 사람들, 꽃으로 자신을 뽐내고 싶어 하는 사람들이 꽃을 꺾습니다.

몇 년 전부터 오디션 열풍이 불고 있습니다. 스타가 되고 싶은 사람들을 수억 원의 상금으로 유혹합니다. 이 대국민을 상대로 한 자기 상품화의 열기에 우리의 아들딸들이 관심을 기울입니다. 실용음악학원 등록이 많아지고, 기타 판매량이 급증한다고 합니다.

이런 자기 상품화까지는 아니더라도 자녀들은 눈에 보이는 것에 참 관심이 많습니다. 초등학생 때까지 씻는 것도 귀찮아하던 아들은 중학생이 되면 매일 아침 머리카락을 올렸다 내렸다 하고, 바지통을 줄여 간신히 끼어 입습니다. 딸은 더하죠. 기초 메이크업은 물론이고 색조화장도 서슴지 않고 합니다. 부모인 우리 눈에는 아무 치장을 하지 않아도 예쁜데 말입니다.

우리 아이들이 자신의 봄철이 싱그럽고 아름다운 과정인 것을 안다면 오늘을 사는 자세가 달라질 것입니다. 곧 열정적인 여름을 보내야 하고, 풍성한 가을을 맞아야 하는 것을 안다면 준비하고 기대하는 마음도 함께 자랄 것이므로 그들의 현재 또한 달라질 것입니다. 아직은 도움이 필요하지만 스스로 절제하고, 견뎌내며, 더 높고 고상한 가치를 위해 자기 조절 능력을 키워갈 것입니다.

저의 큰 딸이 20대 때 10대의 마지막을 보내는 동생에게 이런 메시지를 보낸 적이 있습니다.

아빠가 언니 열세 살 틴에이지에 들어설 때 그랬어. 성경에 하나님의 사람들을 보면 10대에 많이 부르셨다고. 하나님께 주파수를 맞추라고. 어느새 민재가 10대 마지막이네. 열아홉 살. 정말 귀중한 때다. 날마다 주파수에 귀기울이고 그만큼 성장할 민재가 기대된다. 사랑하고, 기도한다. 우리 민재 파이팅!

큰딸은 교회학교 교사를 하면서 자신이 고1 때 무엇에 가장 관심이 있었나 돌아보았답니다. 기억해 보니 성경 속 인물 중 영향력 있는 하나님의 사람들을 찾아 그들이 자신의 나이 즉, 15~18세 때 무엇을 하고 있었나 추적해 보며 그들을 통해 도전받고 따라해 봤답니다.

10대의 자녀들은 결코 어리지 않습니다. 자신의 미래를 꿈꾸고 상상할 수 있습니다. 미래의 모습은 단지 직업이나 소유한 것으로 만들어지지 않습니다. 어떤 존재로 사느냐에 있습니다. 하나님의 부르심을 따라 자라서 자신만의 꽃을 피우고, 때가 되어 열매를 맺어 누리고 나누는 삶의 모든 영역이 10대 자녀들에게는 모두 열려 있습니다.

혹시 메주콩 꽃을 보신 적이 있습니까? 우리가 이 꽃을 기억하지 못하는 것은 그 꽃이 가치가 없거나 미워서가 아닙니다. 그 식물의 가치를 꽃이 아니라 열매라는 콩이 대표하기 때문입니다. 콩은 다른 식물들처럼 잎과 줄기가 생기고, 꽃을 피우고 이내 열매를 맺습니다. 열매가 다 익으면 콩깍지는 버려지고 사람들은 콩으로 밥을 해 먹기도 하고, 떡도 해 먹고, 두부도 만들어 먹습니다. 우리는 이 콩을 물에 불렸다 삶은 후 으깨고 쳐서 네모난 모양을 만들어 건조하고 발효시킵니다. 바로 메주를 만드는 거죠. 그 메주를 소금물에 담가 장시간 숙성시키면 된장과 간장이 만들어집니다. 정말 예술 아닙니까? 땅에 뿌려진 메주콩이 자라고, 정성과 기술이 더해지고 오랜 시간을 통과한 된 후에 얻게 되는 간장과 된장.

농부가 꽃을 보며 희망을 갖는 것처럼, 어머니는 자녀를 보며 상상해야 합니다. 그리고 그들이 스스로 희망을 갖게 해야 합니다. 하나님 앞에서 자녀 스스로 자신을 볼 수 있게 해야 합니다. 하나님의 시선으로 자녀를 바라보고 불러주고 인정해 주고 기대해 주십시오.

오늘, 실패가 없으신 하나님과 동행하는 성도는 내일, 상상이 눈앞에 펼쳐지는 날을 맞이하게 될 것입니다.

산을 옮길 믿음이 있는가

자녀의 미래가 마음에 그려지십니까?

가지 무성한 나무, 열매 풍성한 나무, 누군가를 쉬게 하고 나누어 주는 나무. 바로 그런 나무처럼 주님이 세우신 땅에서 당당히, 겸손히, 성실히, 넉넉히 서 있는 나무. 그리고 주변에 함께 서 있는 나무들을 상상해 보십시오. 상상만 해도 가슴이 벅차오르지 않습니까.

지금 그리고 있는 모습이 만일 우리의 욕망에서 비롯된 성공한 모습이라면 그것은 우리의 자랑이 될 것이고 공로가 될 것입니다. 그러나 하나님의 약속에서 시작된 것이라면 그 상상은 하나님의 것이고, 어머니 된 우리에게 보여주신 상상일 것입니다. 그러니 우리가 할 일은 오직 하나님의 마음에 이미 그려진 것을 함께 보는 것입니다. 이것이 믿음입니다.

겨자씨만한 믿음이 있다면 이 산을 저리로 옮길 수 있다. (마태 복음 17:20)

이 말씀은 믿음이 얼마나 큰일을 일으킬 수 있는가를 도전하는 구절입니다. 그래서 대부분의 성도들은 이 구절을 떠올리면서 믿음 없는 자신의 연약함을 회개하고 큰 믿음을 달라고 기도합니다. 마치 놀라운 성과를 얻은 자가 믿음이 큰 자인 것처럼 성공과 믿음을 동일시합니다.

그러나 저는 이 말씀에서 믿음의 주체가 하나님이심을 묵상합니다. 믿음은 하나님의 마음에서 옮겨진 산을 보는 것입니다. 하나님의 계획과 소원이 현실에서는 아직 이루어지지 않았지만 약속으로 선포된 것들, 곧 미래에 이루어진 것을 보는 것이 믿음입니다.

우리는 그 믿음을 마음에 담고 허락된 오늘을 성실히 살면 내일 그 산을 보게 되고 만질 수 있습니다. 이미 미래 시점에서 현재를 과거로 보는 통찰이 우리에게 주어졌습니다. 오늘은 그 결과를 향해 한 걸음씩 나아가는 삶의 여정입니다. 그러니 염려 상황에서도 찬송할 수 있고, 수치를 당할 때도 기도할 수 있고, 원수 앞에서도 머리를 들 수 있고, 슬픔 속에서도 이미 주어진 참기쁨을 빼앗기지 않을 수 있는 것입니다. 성도의 여정은 험산준령을 넘어가더라도 단 한 사람도 실패함이 없습니다.

그러므로 어머니. 우리의 자녀는 모두 성공할 것입니다. 우리의 자녀는 모두 성공했습니다. 그리스도의 제자로 설 것입니다. 그의 제자로 확실히 섭니다. 물론 그들에게 합당한 고난의 과정과 연단의 풀무는 당연히 각자의 몫으로 남아 있습니다. 그것은 누군가 대신해 주거나 피해갈 수 있는 것이 아닙니다. 하나님의 자녀라면 누구도 예외가 없습니다. 우리 누구도 하나님의 사랑에서 끊을 자가 없다는 것을 오히려 자신의 여정을 통해 경험하고 고백하며 굳건히 서야 합니다.

그러니 어머니 된 우리는 옮겨진 산을 마음에 담고 오늘을 살아가야 합니다. 믿음의 경주는 조급하지 않습니다. 절망하지 않습니다. 끝까지 성실히 가면 됩니다.

청소년기의 자녀는 어머니 눈앞에 보이는 시간보다 보이지 않는 시간이 점점 많아집니다. 식사를 함께하는 횟수도 줄어듭니다. 그래서 아이를 보는 그 짧은 시간 즉, 밥 먹는 시간, 피곤하여 지쳐 있는 시간에 하고 싶은 말이 많습니다. 그런데 그 시간은 자녀의 말을 듣기에도 부족한 시간입니다. 그래야 아이의 마음에 무엇이 담겨 있는지 알 수 있고 기도할 수 있습니다.

기도하는 어머니는 눈을 감고 있을 때 자녀를 잘 볼 수 있습니다. 자녀의 마음을 보는 어머니가 자녀를 하나님 앞에 둘 수 있습니다. 눈을 감고 자녀의 마음에 손을 얹고 기도하십시오. 자녀의 마음이 어디로 향하고 있는지 무엇이 가득 담겨 있는지 보아야 합니다. 그리고 하나님의 임재와 통치가 그곳에서 일어나기를 기도해야 합니다.

이미 그 고백이 있는 자녀라면 하나님과 동행함으로 자신의 전 생애가 부족함이 없음을 알고 더욱 그분을 향하여 열정적으로 살기를 기도해야 합니다. 하나님이 없이는 어떤 것도 성취되지 않기를 기도해야 합니다. 하나님이 없으면 아무것도 아니요, 하나님이 함께하시면 부족함이 없음을 고백하는 자녀가 되기를 기도해야 합니다.

눈을 감고 옮겨진 산을 보며 기도하는 어머니라면 자녀의 앞길에 장애가 없기를 기도하지 않고, 어떤 어려움을 만나도 주와 함께 뛰어넘는 믿음의 거인이 되기를 기도할 것입니다. 자녀에게 좋은 것을 달라고 기도하지 않고, 옳지 않은 것을 분별하고 옳은 것을 선택하는 용기를 달라고 기도할 것입니다. 부족함을 채워달라고 기도하지 않고, 오늘 베푸신 은혜를 누리고 내일을 주께 맡기는 믿음을 달라고 기도할 것입니다.

그 내일이 오늘이 되는 날, 자녀의 여름과 가을날, 자녀와 함께 고백할 것입니다. 하나님의 동행에 부족함이 없었음을. 그분의 신실하심을. 그 은혜가 족하였음을.

그러니 어머니, 당신은 오늘 그 자녀 곁에서 하나님의 증인으로 살아가야 합니다.

작지만 큰 나무

하늘을 날던 작은 새가 쉴 나무를 찾아 날고 있었어요.

'오늘은 어떤 나무에 앉을까? 키다리 나무에 앉아 주위를 구경할까, 아니면 저기 화려한 알록이 나무에 앉을까? 뾰족이 나무는 따갑겠고, 하늘이 나무는 가지가 흔들거려 어지럽겠지? 어디에 앉아 놀까?'

이런저런 생각을 하며 숲을 빙빙 돌던 작은 새의 눈에 작은 나무 한 그루가 눈에 들어왔어요.

'저런 나무가 있었네? 작지만 왠지 마음이 끌리는데?'

작은 새는 다가가 살포시 가지에 앉았어요.

"안녕, 작은 나무야. 만나서 반가워."

"나 말이야? 난 널 매일 봤는데 이제야 인사를 나누네. 내 가지엔 처음이지?"

"어, 그랬나? 네 키가 작아 안 보였나 봐."

"너는 멋진 나무, 예쁜 나무, 화려한 나무를 좋아한다고 생각했어. 내 키가 작아 못 볼 수도 있었겠구나."

"꼭 그렇지는 않아. 그냥 눈에 띄는 나무에 앉아 쉬었던 거야."

작은 새는 조금 미안한 마음이 들었어요.

"괜찮아. 날 잘 모르는 숲의 동물도 가끔 있어."

"아냐, 아니야. 너는 튼튼해서 나 같은 새들이 쉬어가기에 딱 좋아."

작은 새는 나무에게 칭찬의 말을 해주고 싶었어요.

"그래도 이젠 눈에 띄는 나무인 걸 보면 지난 여름 동안 키가 많이 컸지?"

"그렇게 보여? 지난해까지만 해도 난 너무 바빠서 잘 자라지 못했어."

"가만히 서 있는 나무에게 바쁜 일이 뭐가 있지? 나처럼 매일 이곳저곳을 날아다녀야 바쁘지."

나무는 큰 숨을 내쉬며 말했어요.

"다 말할 순 없어."

"뭐야? 비밀이라도 있니?"

작은 새는 호기심 가득한 눈으로 나무의 몸 쪽으로 종종종 다가갔어요.

"비밀은 비밀이지. 아무에게도 안 보이니까. 네가 비웃지 않는다고 약속하면 얘기해 줄게"

작은 새는 고개를 끄덕이며 가지에 바짝 웅크리며 앉았어요.

"나에게도 멋진 나무로 자라는 꿈이 있었어. 저 나무보다 더 큰 나무가 되고 열매가 많은 나무가 되고 싶었지. 그래서 열심히 땅속으로 뿌리를 내렸단다."

"그런데?"

"그러던 어느 날, 내 뿌리에 뭔가가 걸리는 거야. 처음엔 작은 돌멩이라 생각하고 힘껏 밀어냈어. 그런데 그 돌멩이는 꿈적도 안 하고 오히려 내 뿌리들만 부러지고 상처가 났어. 이제 막 키가 크려는 참이었는데 말야."

"그래서 어떻게 했어?"

"그래서 할 수 없이 돌멩이를 피해 가기로 했어. 장애물을 없앨 수 없다면 비켜 가면 된다고 생각했거든."

"맞아. 그럼 되지. 잘 생각했네."

"그런데 내 뿌리들이 돌멩이를 피해 옆으로 가 보니까 이 돌멩이가 어마어마하게 큰 녀석이더라고. 내 뿌리가 옆으로 자랄수록 내 몸은 점점 반대쪽으로 기울어지는 거야."

이야기를 듣던 작은 새의 몸도 옆으로 기울어졌어요.

"그래서, 그래서 어떻게 했어?"

"난 매일 그 큰 돌멩이와 씨름하느라 온 힘을 다 썼어."

"힘들었겠다. 이런 나쁜 땅에서."

작은 새는 어린 나무가 애썼을 모습을 생각하니 눈물이 핑 돌았어요.

"그러나 결국 네가 이긴 거지?"

"이겼냐고? 맞아. 처음엔 전쟁하듯 싸웠지. 만일 끝까지 싸웠다면 난 쓰러져 죽었을지 몰라."

"그럼 어떻게 된 거야?"

"난 돌멩이를 밀어내는 일도, 피하는 일도 멈춰야 했어. 생각해 보니까 그 미운 돌멩이가 이 땅속에서 먼저 살고 있던 거잖아. 그렇다면 함께 살아야지. 친구처럼. 그래서 그 녀석을 와락 끌어안았어."

"와, 멋지다!"

작은 새는 자기도 모르게 나무를 와락 끌어안았어요.

"그랬더니 무슨 일이 일어났는지 알아?"

작은 새는 숨을 멈추고 들었어요.

"내 뿌리들이 사방으로 퍼져 돌멩이를 감싸 안았더니 그 큰 돌멩이가 날 흔들리지 않게 해 주는 거야. 그제야 난 돌멩이와 함께 다시 똑바로 설 수 있게 됐지."

"그렇지만 돌멩이가 없었다면 넌 더 키가 큰 나무가 될 수 있지 않았을까?"

"그렇게 생각할 수도 있지. 그러나 불평은 환경을 바꿀 수 없잖아. 바꿀 수 없다면 받아들여야 해."

"넌 보기보다 어른스럽구나."

"그래? 내가 비록 보이는 키는 작아도 뿌리는 다른 나무들에 비해서 클 걸? 난 오랜 시간 뿌리가 자라는 일에 열중했거든. 이건 장애물이라고 생각했던 돌멩이가 내게 준 선물이야."

나무는 수줍게 웃었어요.

"그렇다면 네가 커지는 것은 시간문제겠네. 넌 이 숲에서 가장 키 크고 튼튼한 나무가 될 거야"

"하하하, 그럴지도 모르지. 그런데 꼭 키가 크지 않으면 어때? 이 숲과 바람과 햇살, 모두 소중한 친구로 함께 사는 것이 중요하지. 귀찮은 벌레들과 불편한 돌멩이들과도 함께 사는 법을 배웠잖아."

작은 새는 이 나무에게 끌렸던 이유를 알 것 같았어요. 함께

하는 모든 것을 안아 주려는 나무의 큰사랑이 느껴졌던 거예요. 작은 새는 이 작은 나무의 이름을 '큰 나무'라고 불렀어요.

2강

어머니,
당신은

팀 사역자입니다

사랑은 생명을 자라게 하는 영양분

봄철 나무와 같은 자녀를 바라보며 장성한 가을 나무를 기대하는 어머니의 마음은 모두 한 가지입니다. 나의 자녀가 자신의 가을을 위해 이 봄날을 아깝지 않게 보내길 바라는 것. 자신의 내일을 위해 오늘을 성실하게 살아감으로써 일상이 누적되는 것. 내일을 믿음으로 바라보고 오늘을 사는 것. 그래서 어머니 마음에 그려진 가을 나무를 자녀도 믿음으로 마음에 담고 살았으면 좋겠다고 생각합니다.

그런데 어머니의 믿음이 자녀의 현실보다 앞설 때가 있습니다. 그래서 결과를 재촉하고, 이렇게 해야 한다고 몰아가고, 이렇

게 되라고 강요하기도 합니다. 믿음은 현실에서 이렇게 보일 듯
말 듯, 잡힐 듯 말 듯합니다.

그런데 산을 옮길 만한 믿음이 있어도 이것이 없으면 아무것
도 아니라고 말씀하십니다. 어머니가 하나님의 말씀을 전해주고
믿음의 반응을 요구해도 이것이 없으면 울리는 꽹과리와 같다고
말씀하십니다. 믿음에 더해야 할 것, 사랑입니다. 사랑이 없으면
아무것도 아니요, 믿음과 소망과 사랑 중에 제일은 사랑이라고
하나님은 말씀하십니다.

하나님을 알지 못하는 사람들에게도 사랑은 아름답고 특별한
것입니다. 시대와 세대를 불문하고 사랑은 많은 이야기의 주제
로 1위를 놓친 적이 없습니다. 아름다운 사랑 이야기도 많지만
아프고 슬픈 사랑 이야기, 무모하고 희생적인 사랑 이야기 등등.

어떤 사랑도 나름의 의미와 가치를 지니고 있습니다. 한 사람
의 진실한 마음의 무게는 객관적으로 달아보기 어렵기 때문입니
다. 굳이 기준을 갖는다면 사랑하는 사람이 만족한가, 사랑받는
사람이 행복한가 정도로 자신들의 사랑을 측정할 수 있을 것입
니다.

그 두 사람이 '죽음이 우리를 갈라놓을 때까지 서로를 사랑하
자'라고 약속하며 세상에 선포하는 것이 결혼입니다. 운명적인

사랑까지는 아니라도 결혼에 이르는 과정에서 사랑이 작동되지 않는 사람은 없을 것입니다.

우리는 그렇게 가정을 이루고, 사랑으로 자녀를 낳았고 키웠습니다. 적어도 십수 년 이상 사랑을 해 왔다는 말이 됩니다. 한 분야에서 10년 이상 집중해서 일하거나 연구한 자들을 전문가라고 합니다.

그러나 나의 10년, 20년 사랑 성공기를 자랑하며 한 수 가르쳐 주겠다고 말할 수 있는 어머니는 별로 없을 것입니다. 저를 비롯해서 우리 중 누구도 자신할 수 없고 자랑할 수 없습니다. 아무리 주어도 부족하고, 할수록 어렵고, 시간이 지날수록 모르겠는 것이 '사랑하기' 아닙니까?

이제 고백할 수 있는 것은 사랑은 우리에게서 시작된 것이 아니요, 하나님에게서 시작되었다는 것입니다. 우리는 오늘도 하나님을 배우는 길밖에 없습니다. 아버지 되시고 어머니 되신 하나님께서 우리를 자녀 삼으시려고 죽음을 통과한 사랑, 실패 없는 사랑, 마르지 않는 사랑을 우리에게 주셨습니다. 우리는 그 사랑을 공급받고 그 사랑을 힘입어 살아야 함을 기억해야 합니다.

하나님께서는 그분의 사랑으로 둘을 하나 되게 하시고, 하나 된 우리를 통하여 생명을 성장케 하십니다. 사랑은 생명을 성장하게 하는 가장 큰 힘입니다. 모든 것이 다 있어도 사랑이 없으면 생명은 성장하지 않습니다. 이것이 하나님의 원리입니다. 생명이 그분의 작품이라면, 사랑은 생명을 자라게 하는 영양분입니다. 생명은 하나님의 소유이므로 그분이 공급하시는 사랑으로만 자랄 수 있습니다.

사랑에는 균형이 필요

"아빠, 나 사랑해?"

"그럼, 엄청 사랑하지!"

한 보험회사 광고 대사처럼 자녀를 사랑하지 않는 부모는 없습니다. 이 광고는 '부모의 사랑을 보여주는 방법으로 보험을 들라'고 설득합니다. 자녀를 사랑하지 않는 부모는 아무도 없을 것입니다. 정도의 차이, 표현의 차이가 있고 귀찮고, 성가시고 미울 때도 있겠지만 모든 부모는 자녀를 사랑합니다.

그런데 그 사랑이 자녀에게 제대로 전달되기는 쉽지 않습니다. 마음과 달리 말과 행동이, 상황과 형편이 그 사랑을 담아내지 못하는 경험을 우린 자주, 매일 합니다. A라는 사랑을 전했는데, A'이거나 B로 전달되는 경우가 많습니다. 오히려 A를 A로 전달하는 일이 더 힘듭니다. 왜 그럴까요?

내가 전달하려는 사랑 A는 나의 여러 조건들 즉, 나의 태도, 말투, 선입견, 성격, 감정 등과 결합해서 A' 혹은 변형 A가 되어 상대에게 전달됩니다. 상대의 여러 조건들 즉, 태도, 상황, 선입견, 성격, 나와의 관계, 감정 등이 결합되어 사랑 A' 혹은 사랑 B가 됩니다. 사랑 A가 A로 분명하게 전달되려면 두 사람 간에 많은 것들이 공유되고 신뢰가 누적되어야 합니다. 오늘은 누적된 어제의 일상입니다. 따라서 사랑은 신뢰가 쌓인 시간과 비례할 것입니다.

'부부가 사랑으로 하나 되고 그 가운데 자녀를 품어 사랑으로 양육한다'는 문장이 성립되기 위해서는 부모의 사랑이 성공적으로 전달되고 영향력을 발휘하여 균형을 갖는 것이 무엇보다 중요합니다.

부모는 누구나 좋은 것을 자녀에게 주고 싶어 합니다. 많은 것을 해 주고 싶어 하지요. 그런데 균형이 없어지면 좋은 것을 많이 주려고 하고, 더 좋은 것을 더 많이 주고 싶어 하는 데서 문제가 생깁니다. 여기에 비교의식과 열등감이 합세하면 '누구보다 더'라는 공식이 만들어지고, 성질까지 더해지면 '누구보다 더 많이 해 주는데 넌 왜?'라는 요구를 서슴지 않고 하게 됩니다.

'좋은 것'에 대한 기준도 문제가 됩니다. 부모 기준에 좋은 것과 자녀 기준에 좋은 것은 큰 차이가 있습니다. '좋다'라는 언어에 대한 공감대가 감정에서 시작됐는지, 다른 사람들 보기에 좋다는 것에 있었는지, 아니면 성경 말씀에 근거한 '의로움'에서 출발한 것인지에 따라 견줄 수 없는 차이를 갖게 됩니다.

또 대상에 대해서도 균형이 필요합니다. 세 살 자녀에게와 열세 살 자녀, 스물세 살 자녀에게 사랑은 동일한 모습으로 전달되지 않습니다. 세 살 아이가 울면 들어 주었던 요구를, 열세 살 아이가 운다고 들어줄 수는 없습니다. 당연히 스물세 살 자녀가 운다고 같은 요구를 들어줄 수 없죠. 이런 자녀와의 관계는 정상적인 소통 관계가 아닙니다.

저의 두 딸이 각각 세 살, 일곱 살일 때 작은 딸의 불평은 '언니는 되고 왜 나는 안 되는가'였습니다. 불공평하다는 것이었죠. 늘 언니가 하는 일이면 "나도!"를 연발하며 다 따라하고 싶어 했지만 허락할 수 없는 일들이 하루에도 몇 가지씩 되었습니다. 그럼 아이는 결국 엄마는 언니 말만 들어준다며 억울해했습니다.

"언니만 해주고, 언니만 가라고 하고, 언니만 된다고 하고, 언니만, 언니만……."

그럴 때 저는 이렇게 말했습니다.

"언니는 되고 민재는 안 된다고 해서 속상하구나. 민재 말처럼 엄마는 공평하게 해주려고 해. 일곱 살 언니에게 되는 것이 세 살 동생에게 되는 것은 공평하지가 않아. 언니도 세 살 때는 못하게 했어. 너랑 언니는 다르니까 다르게 대해 주는 게 공평한 거야."

사랑은 균형을 가져야 합니다. 자녀의 발달 단계가 충분히 고려되어야 하는 것입니다. 사랑을 전하는 부부의 역할도 균형이 필요합니다. 어머니와 아버지가 하는 역할은 모든 시대 모든 부모에게 동일하지 않습니다. 경제 활동은 아버지의 몫, 살림과 육아는 어머니의 몫이라는 기준은 더 이상 보편적이지 않습니다. 부부가 다른 역할로 같은 일을 해 내려면 균형이 무엇보다 중요한 것입니다.

아이 친구들이 다 입었다는 유명 브랜드의 겨울점퍼를 아이에게 입히고 싶은 어머니의 허영심에, 아이 기죽이지 말라며 능력을 과시하는 아버지의 자만심이 합쳐진다면 어떻게 될까요? 외국어는 혀가 굳기 전에 시작해야 한다고 영어 유치원을 알아보는 어머니에게 조기 유학도 생각해 보자는 아버지의 응원은 균형이 잡힌 걸까요? 형편이 안 되면 할 수 없고, 형편이 되면 뭐든지 되는 걸까요?

사랑에는 균형이 필요합니다.

사랑은 단어가 주는 느낌 때문에 자칫 부드럽고 온화한 것이라고 생각할 수 있습니다. 사랑받은 사람에게서 나타나는 밝고 건강한 모습 때문에 그런 느낌이 더욱 들 수도 있습니다. 그러나 사랑은 두 가지의 속성을 가지고 있습니다. 하나는 '바른사랑'이고 다른 하나는 '지원사랑'입니다. 이 두 가지 사랑은 한 뿌리에서 출발한 두 가지 모습으로 모두가 강력한 사랑의 이름입니다.

그러나 바른사랑과 지원사랑은 균형과 조화를 이루어야 합니다. 성장하는 자녀에게는 바른사랑으로 가르치고 통제하는 방식과, 지원사랑의 지지하고 응원하는 방식이 모두 필요합니다. 자녀가 균형 있게 성장하려면 자라면서 부모에 대한 의존도가 점점 낮아짐과 동시에 스스로 독립적인 존재로 서야 하는데 그 변화를 잘 이끌어가는 힘이 이 사랑의 균형에서 나옵니다.

의존도가 낮아지고 독립성이 높아지는 시기, 통제가 차차 줄어들고 지지가 점점 늘어나야 하는 시기, 나의 세계에서 우리의 세계로 열려가는 시기, 바로 이런 전환이 일어나는 시기가 청소년 시기입니다. 이 시기를 기점으로 지원사랑의 비중은 크게 작용하고, 바른사랑은 점점 줄어들게 됩니다. 이후 성인이 된 자녀와는 지원사랑을 통해 자녀와의 관계를 더욱 강화시키게 됩니다.

만일 이 두 가지 사랑이 균형과 조화를 이루지 못한다면 어떨까요? 원칙 없이 어린 시절을 보낸 자녀를 청소년 시절에 통제한다면 자녀는 혼란스러울 것입니다. 규칙에 순종만 하며 어린 시절을 보낸 자녀라도 성장에 따른 변화에 대한 이해 없이 통제를 지속한다면 충돌이 생길 수 있습니다. 사랑의 내용과 방법도 자녀의 성장과 더불어 균형 있게 변해야 하는 이유입니다.

부드럽지만 정확하게 가르치고 훈련하는 바른사랑

모든 성경은 하나님의 감동으로 된 것으로 교훈과 책망과 바르게 함과 의로 교육하기에 유익하니 이는 하나님의 사람으로 온전하게 하며 모든 선한 일을 행할 능력을 갖추게 하려 함이라. (디모데후서 3:16)

무엇을 배우느냐에 따라 어떤 사람으로 살 것인지 결정됩니다. 법조인이 되려면 법학을 공부하고, 의사가 되려면 의학을 배워야 합니다. 하나님의 백성은 하나님을 아는 것으로 그 정체성의 근거를 삼습니다. 하나님의 말씀을 배우는 것이 모든 교육의 근본이요, 하나님의 백성으로 어떻게 살 것인가를 가르치는 근거입니다.

성경에서 교육을 말할 때 암송할 만큼 중요하게 여기는 말씀은 디모데후서 3장 16절 말씀입니다. 가르쳐 행하게 하고, 잘못되면 깨우쳐 바르게 하고, 옳은 것을 교육하라는 명령입니다. 성경에서는 이것이 선을 행하는 하나님의 사람으로 자라게 한다고 말씀합니다.

아기에겐 잘 먹고 잘 자는 것부터 훈련을 시킵니다. 밤과 낮에 바뀐 아기에게 밤에 자도록 하기 위해 낮 동안 잠들지 않도록 어머니는 아이를 다양한 놀이에 빠지게 합니다. 아이가 조금 더 자라면 배변을 스스로 할 수 있도록 훈련시킵니다. 혼자 밥을 먹게 하고, 혼자 잠자리에 들게 하고, 혼자 이를 닦게 하는 등 훈련과 교정을 반복합니다. 바로 '바른사랑'입니다.

바른사랑은 엄격하지만 거친 말이나 겁주는 행위로 전달하는 방식이 아닙니다. 통제하고 규칙을 정하고 틀린 것을 교정함으로써 나름의 틀을 만들어 주는 것입니다. 부드럽지만 정확하게, 옳은 것을 즐겁게 행하도록 가르치고 훈련하는 사랑입니다.

하나님의 형상을 따라 지음받은 인간은 그 고귀한 가치에 걸맞은 삶을 살 수 있도록 배우고 훈련해야 합니다. 그러나 이 시대는 그 고귀한 하나님의 형상을 찾기 힘든 시대입니다. 어느 때보다 외모 지상주의와 물질 만능주의가 가득하고, 사람들은 이기적이고 노골적이고 유치하고 천박하기까지 합니다. 수치를 모르는 시대입니다.

자신이 좋은 것을 행하면 솔직하고 쿨하다고 말하고, 배려와 겸손을 가식이라고 말하는 시대입니다. 심지어 교회 안에서조차 믿음은 성공의 확신이요, 기도는 물질의 축복이요, 교회는 사교와 인맥의 장이라며 복음과 위배된 가치를 노골적으로 드러내는 경우를 종종 접합니다. 이런 시대상이 그대로 담긴 교육현장에서 우리의 자녀를 아무 저항 없이 키울 수 없습니다.

우리 믿음의 어머니들은 사회가 지향하는 성공의 대열에 합류해서는 안 됩니다. 자녀교육의 목적은 성공에 있지 않습니다. 하나님의 자녀로 키우는 데 그 목적이 있습니다. 하나님의 법 안에서 키우는 데 그 가치가 있습니다. 그러므로 이제 우리의 자녀에게 하나님의 사랑의 법을 정확히 가르쳐야 합니다.

이것은 주 너희 하나님이 너희에게 가르치라고 나에게 명하신 명령과 규례와 법도다. 너희는 건너가서 차지할 땅에서 이것을 지켜라. 너희가 주 너희의 하나님을 경외하며, 내가 너희에게 명한 모든 주의 규례와 법도를 잘 지키면, 주 너희 조상의 하나님이 너희에게 약속하신 대로 젖과 꿀이 흐르는 땅에서 너희가 잘되고 크게 번성할 것이다. 이스라엘아, 들어라. 주는 우리의 하나님이시오, 주는 오직 한 분뿐이시다. 너희는 마음을 다하고 뜻을 다하고 힘을 다하여 주 너희의 하나님을 사랑하여라. 내가 오늘 너희에게 명하는 이 말씀을 마음에 새기고 자녀에게 부지런히 가르치며, 집에 앉아 있을 때나 길을 갈 때나 누워 있을 때나 일어나 있을 때나, 언제든지 가르쳐라. (신명기 6:1~7)

구약성경 신명기 6장에는 하나님의 바른사랑이 잘 표현되어 있습니다. 하나님은 이스라엘 백성을 자녀로 삼으시면서 그들에게 명령과 규례와 법도를 주십니다. 그 법은 이스라엘을 열방 가운데 자신의 힘과 능력으로 살지 않고 하나님을 의지하며 거룩하게 살도록 안내합니다. 이방 가운데 하나님의 백성으로 살게 합니다. 구별되어 살게 합니다. 가장 고급하고 품위 있게 살게 합니다. 그런데 이 명령은 자신의 욕심과 이기심에 반대됩니다. 자신이 좋은 대로 살 수 없습니다. 하나님의 의를 배우며 살아야 합니다.

첫째, 권위에 순종하게 하십시오.
여호와 하나님은 하나님의 자녀 된 백성의 삶의 정확한 법도를 가르치고 있습니다. 또한 부모에게 옳고 그름을 알지 못하고, 바르고 틀린 것을 분별하지 못하는 자녀 앞에서 먼저 그렇게 살고 가르치라고 권위를 부여해 주셨습니다. 그러니 하나님의 백성 된 부모에게 '바르게 사는 것과 바르게 가르치는 것'은 두 가지가 아닌 한 가지, 한 역할입니다.

어린 자녀가 잘못했을 때 간혹 이렇게 말하는 부모가 있습니다.

"애들이 뭘 아나요? 애들이 다 그렇죠, 뭐. 잘 모르고 한 일인데요."

정말 그럴까요? 그렇다면 이런 상황은 어떤지 생각해 봅시다.

형제가 장난감을 갖고 싸웁니다. 동생이 말합니다.

"내가 먼저 갖고 놀고 있었잖아. 형은 다른 거 갖고 놀아."

"이거 내 자동차야. 그러니까 내놔."

형이 자동차를 빼앗습니다.

"형이 지난번에 나 보고 아무 때나 가지고 놀라고 했잖아. 이리 줘."

"언제 그랬어. 내 장난감은 하나도 건드리지 마."

동생은 억울해서 울기 시작합니다. 엄마가 이 상황을 보다가 중재하려고 이렇게 말했습니다.

"누가 양보할래? 양보하는 사람에게 상을 줄게."

그러자 형이 장난감을 동생에게 밀어 주면서 말합니다.

"너 가지고 놀아. 내가 양보했다."

이 말을 들은 동생은 억울한 마음이 더해져서 자동차를 형을 향해 던집니다. 자동차에 머리를 맞은 형도 웁니다.

누가 잘못을 했을까요?

부모는, 어머니는 두 아이의 겉으로 드러난 행동보다 마음에 담긴 생각이 무엇인지 볼 수 있어야 합니다. 두 아이의 드러난 잘못과, 마음에서 진행된 악한 동기를 보아야 합니다. 어린아이라고 윤리적으로 중립적이지 않습니다. 아이는 겉으로 보이는 일의 옳고 그름과 상관없이 욕심에 이끌려 일을 저질렀습니다. 따라서 부모는 아이의 마음에 들어가 움직인 생각이 잘못된 것이고, 그것이 죄라는 것을 가르쳐야 합니다.

부모에게는 하나님께 위임받은 권위가 있습니다. 그 권위의 특징과 한계를 알지 못한다면 자녀는 하나님의 말씀의 원칙을 부모를 통해서 결코 배우지 못할 것입니다. 하나님은 우리에게 하나님의 말씀을 가르쳐 지키게 하라는 명령과 권위를 주셨습니다. 이는 하나님을 경외하는 길이요, 그 권위에 순종하여 사는 길입니다. 자녀의 삶의 참 가치와 만족이 여기에서 시작됩니다.

아이를 하나님의 권위 아래, 즉 부모의 권위 아래 살게 할 것입니까? 아니면 자기 눈에 좋은 것, 입에 단 것, 느낌이 오는 것과 같이 자신의 욕망과 필요를 좇는 자신의 권위 아래 살게 할 것입니까? 전자라면 부모는 하나님의 명령과 규례와 법도를 가르쳐야 합니다.

둘째, 가르치십시오.

자녀를 양육하는 것은 생활의 전 영역에 대한 올바른 세계를 만들어 주는 것입니다. 아이는 부모로부터 습득된 생활 방식을 공유하며 살아갑니다. 배움이 반복되어 습관이 되고, 습관이 누적되어 문화가 되고, 가족의 이야기가 됩니다. 그러므로 사소한 일상의 반복적인 생활에서부터, 시간과 물질과 언어와 예절에 이르기까지 연령과 발달에 맞게 바른 태도와 습관을 갖도록 가르쳐야 합니다.

교육은 아이가 원하는 것이나 좋아하는 것을 채워주는 것이 아닙니다. 많은 영역에서 엄격하게 가르치는 일과 정확하게 방향을 제시하는 일, 그리고 규칙과 약속을 존중하며 함께 실행하는 일이 필요합니다.

규칙은 울타리와 같습니다. 규칙은 아이를 보호하고 바르게 성장하도록 도와줍니다. 몇 가지 쉬운 예로 어린아이에게 가르치는 일찍 자고 일찍 일어나기, 집에 들어오면 손부터 씻기, 남의 것을 빼앗지 않기, 욕하지 않기, 부모님과 어른들의 말을 공손히

듣기, 다른 사람을 때리지 않기 등등 다 헤아릴 수 없는 많은 생활 규칙도 단지 명령이 아닙니다. 건강한 신체와 건강한 정신, 그리고 바른 신앙인의 자세와 믿음의 분별력 등을 갖도록 전달하고 훈련하는 것입니다. 이것이 사랑입니다.

셋째, 책망하십시오.

> 너희 어리석은 자들은 어리석음을 좋아하며 거만한 자들은 거만을 기뻐하며 미련한 자들은 지식을 미워하니 어느 때까지 하겠느냐. 나의 책망을 듣고 돌이키라. 보라 내가 나의 영을 너희에게 부어 주며 내 말을 너희에게 보이리라. (잠언 1:22~23)

책망은 잘못된 것을 지적하여 드러나게 하는 행위입니다. 책망의 목적은 돌이키게 하는 데 있습니다. 잘못을 지적하고 돌이키게 하려면 때론 체벌도 있어야 합니다. 소리치지 않고, 매를 들지 않고 늘 즐겁게 자녀와 지낼 수 있다면 더할 나위 없겠지만, 하루에도 몇 번씩 자녀에게 소리치거나 야단칠 일들이 생깁니다.

그러나 눈에 거슬리는 행동을 지적하고 감정적으로 대응한다면 충격을 주는 것 이상의 교육은 남지 않게 됩니다. 문제와 지적 사이의 짧은 시간에 여러 단계의 생각을 거쳐야만 합니다. 행동의 이유, 상황, 누적된 습관, 드러난 문제와 숨겨진 욕구, 원하는 해결 방식, 옳고 그름, 쌓아온 관계 방식, 전달 방식 등이 점검되고 정리되어야 합니다. 그래야 오해를 줄이고, 억울함을 품지 않게 됩니다. 바르게 하는 어떤 징계도 정당하게 해 줄 수 있습니다.

한 번에 따끔히 충격적으로 알게 해야 한다고 생각하는 어머니들이 있습니다. 그러나 설명도 이해도 없이 충격만 경험하게 되면 겉으로는 두려움을 보이지만 내면에는 상처가 남을 수 있습니다. 자녀의 잘못을 바로 잡기 위해 매를 든다는 것은 깨닫게 하고 지혜를 얻게 하기 위함입니다.

충격적인 징계는 어리석음에 대한 즉각적이고 실제적인 결과를 경험하는 효과를 줍니다. 그러나 적절한 징계는 아이의 마음을 겸손하게 하며 부모의 교훈에 순종하게 합니다. 매를 가하는 것은 아이에게 잘못된 생각을 쫓아내고 생명의 말씀을 들을 준비를 시키는 일입니다.

잘못을 한 아이는 부모와의 사이에 틈이 생깁니다. 죄가 가로막혀 있습니다. 죄가 마음에 들어온 아이의 눈을 보신 적이 있습니까? 눈을 잘 마주치지 못하거나 눈빛이 흔들립니다. 아이마다 다르고 부모와의 관계마다 차이는 있겠지만 어린 자녀의 마음을 늘 살핀 어머니라면 자녀의 태도와 눈빛에서 단번에 거짓과 숨겨진 죄가 있음을 감지할 수 있습니다.

자녀의 마음에 들어와 있는 죄의 모습을 정확히 보고 알려 주어야 합니다. 바르게 가르쳐야 합니다. 이때 부모의 눈물과 함께 가해지는 정확한 징계는 아이에게 자기 마음에 들어와 있는 죄를 직면하게 하고 회복의 은혜를 경험하게 합니다. 죄를 깨닫는 징계는 그러므로 응징이나 죄의 결과가 아니라, 하나님의 은혜로 회복과 자유와 성장으로 나아가는 과정이 됩니다.

책망하지 않으면 오히려 아이가 죽을 수도 있음을 기억하십시오. 죄로 인해 하나님과 단절되는 것은 죽음을 의미하는 것임을 어머니가 먼저 뼈에 새겨야 합니다.

기본적으로 체벌은, 미련하여 죄 가운데 있음을 깨닫지 못할 때 이를 알게 하기 위함입니다. 옳고 그름이 구별되지 않는 자녀의 미련함을 쫓고 하나님의 의 가운데 거해야 함을 기억하게 하는 것입니다. 그러니 깨닫는 나이가 되어서는 하나님의 말씀으로 부모의 지혜의 말과 삶으로 알게 해 주어야 합니다.

그러나 성경적 가르침에서 벗어나 남용되는 매는 오히려 부모에게서 마음이 떠나게 한다는 것을 기억하십시오. 부모가 자신의 화를 주체하지 못해 매를 가하거나, 자녀의 잘못보다 훨씬 과도한 체벌을 한다면 도리어 자녀의 마음을 상하게 할 것입니다. 부모들의 절제되지 않은 감정적 매질로 내면이 병든 자녀들을 많이 만납니다. 감정이 절제되지 않은 상태에서는 절대 매를 들어서는 안 됩니다.

> 아비들아 너희 자녀를 노엽게 하지 말지니 낙심할까 함이라.
>
> (골로새서 3:21)

자신이 잘못한 것을 인정하지 않은 상태에서 체벌을 가하게 되면 분노가 생깁니다. 잘못한 것보다 더 가중한 체벌을 가하면 격분케 됩니다. 그러면 자녀의 마음을 잃어버립니다. 그의 마음이 부모에게서 떠날 것입니다. 그러므로 매를 대는 일은 더 많이 생각하고, 더 많이 기도하고, 더 많이 사랑할 때 행할 수 있는 '바른사랑'의 한 모습입니다.

넷째, 바르게 하십시오.

바르게 하는 것은 잘못된 부분을 교정하는 일입니다. 잘못을 인정하고 바른 기준을 수용하여 변화하도록 안내하는 것입니다. 잘못을 인정하는 것은 쉽게 일어나지 않습니다. 자신의 기준이 옳다고 생각할수록, 자신이 살아온 방식이 틀리지 않다고 주장할수록 잘못을 인정하기 어렵습니다. 나의 기준과 경험과 가치보다 더 크고 옳은 것을 만나지 않으면 수용할 수 없습니다.

자녀에게 부모의 말은 옳은 기준이 되고 큰 가치가 됩니다. 그러나 부모의 일관성 없는 판단이나 상황에 따라 달라지는 가치라면 그것은 성장하는 자녀의 눈에 더 이상 신뢰할 수 없는 것이 됩니다. 또 남들을 의식한 지적이나 사회 통념적 가치를 들이대는 것도 큰 힘이 되지 못합니다. 부모의 기준이나 사회의 기준보다 더 큰 하나님의 기준을 가르치고 수용하도록 안내해야 합니다.

이 일은 어렵습니다. 왜냐하면 부모가 그 기준을 따라 바르게 교정하려는 삶이 전제되어야 하기 때문입니다. 집에서는 부모의 눈치를 보고, 사회에서는 세상 욕망을 기준으로 삼고, 교회에서만 하나님의 법을 따르면 된다는 식이라면 자녀들은 성인이 되어 교회를 떠나게 될 것입니다. 하나님의 통치가 하늘에서 이룬 것처럼 땅에서 이루어지지 않을 것입니다.

하나님의 임재를 경험하는 성도의 삶의 모든 영역에서 하나님의 통치가 일어나고, 어머니 된 우리의 삶의 모든 영역이 그분의 기준에서 비추어져야 합니다. 이런 어머니의 삶을 보고 자란 자녀라면 어머니의 가르치는 말에서 권위를 느낍니다. 어머니의 바른 말에 힘이 있어 자녀는 바르게 하는 일에 주저함이 없고, 어머니를 존경하며 하나님을 두려워할 것입니다.

이렇듯 바른사랑은 부모를 통해 통제의 기능을 갖지만, 자녀
가 성장하여 독립된 성인이 되었을 때에는 통제 기능은 내재되
어 있어야 하므로, 그 과도기인 청소년기부터는 부모의 '바른사
랑'의 기능은 점점 줄어들고 반면에 '지원사랑'의 기능이 더 커
져야 합니다.

응원하고 지지하는 지원사랑

지원사랑은 응원하고 지지하는 사랑의 방식입니다. 바른사랑이 골격이라면 지원사랑은 뼈대를 감싸고 있는 근육과 같은 것입니다. 뼈대가 잘 세워지고 제대로 그 기능을 할 수 있도록 감싸주고 힘을 받쳐주는 역할을 하는 것입니다.

걷는 법을 가르칠 때 방법을 가르치는 바른사랑과 더불어 잘할 수 있다고 응원하고, 반복해서 할 수 있도록 격려하고, 넘어져도 다시 할 수 있도록 용기를 주는 지원사랑이 함께 필요합니다. 그런데 이 격려와 지원, 인정 등은 전달하는 방식에 따라 그영향이 다릅니다. 어머니는 잘했다고, 잘 마쳐서 네가 자랑스럽다는 말을 전달하려고 했는데 자녀가 듣기에 마음이 상하거나 힘이 빠진다면 그것은 지원사랑이 아닙니다. 예를 들면 이번에는 웬일로 다했네, 친구 덕분에 했지, 넌 시켜야 하는구나 등등의 말은 아이가 듣기에 결코 마음에 힘을 나게 하는 말이 아닐 것입니다.

땅을 기름지게 하는 것처럼, 아이의 인생을 풍요롭고 의미 있게 하는 지원사랑은 그래서 전달방식이 중요합니다. 커뮤니케이션은 아이와 한 세계로 들어가 함께 삶을 구성하는 것입니다.

첫째, 사랑을 표현하십시오.

사랑을 표현하는 것에는 말과 행동을 포함한 다양한 방식이 있을 것입니다. 먼저 언어 표현이 있습니다. 그런데 어머니라면 사랑한다는 직접적인 표현보다 더 구체적인 언어들로 표현할 수 있어야 합니다. 든든하다, 자랑스럽다, 행복해진다, 예쁘다, 멋지다, 최고다 등의 단어와 더불어 어머니만의 창의적인 표현을 개발하여 전달해야 합니다. 그것이 아이와의 소통이 됩니다.

사랑은 스킨십을 통해 전달할 수도 있습니다. 안아 주기, 뽀뽀하기, 어깨를 두드려 주기, 손을 꼭 잡아 주기, 하이파이브하기, 따뜻하게 눈을 마주치기 등의 표현 방법이 좋습니다.

부모와 창의적인 언어와 다양한 스킨십이 자유롭게 일어나는 아이는 어디에서나 자신감을 잃지 않게 됩니다. 자녀에게 격려할 수 있는 모든 순간을 놓치지 말고 격려해 주십시오. 10대 자녀에게 부모의 기분에 따라 거친 행동을 하거나, 어린아이 취급을 하거나, 주변의 시선을 집중시키는 큰소리의 표현은 반감을 갖게 할 뿐이라는 것을 잊지 말아야 합니다. 일방적이지 않고 자녀의 호응이 예상되는 행동만이 소통이 된다는 것을 기억하십시오.

둘째, 정확한 표현으로 칭찬하십시오.

우리는 가끔 '잘했다'는 표현과 '좋다'는 표현이 적절치 않음에도 불구하고 사용할 때가 많습니다. 뭉뚱그려서 하는 칭찬의 언어들은 오히려 아이에게 무의미하게 들리고 자아개념 형성에 도움이 안 될 수 있습니다.

아이가 심부름을 해냈을 때 "참 착하구나."라는 말보다 "필요한 일을 제때 도와줘서 고맙다."라고 하면 정확하게 전달된 것입니다. 그러면 아이는 자신이 한 일에 대해 만족할 것입니다.

퍼즐을 잘 맞추거나, 작은 못과 같은 물건을 찾아냈을 때 "넌 천재야."라는 말보다 "정확히 잘 구별하는구나. 참 잘했어." 라고 한다면 아이는 자신이 한 일에 대해 정확한 격려를 받는 것입니다.

혼자 옷을 챙겨 입은 아이에게, "예쁘다."라는 말보다 "오늘 날씨에 맞게 옷을 잘 골라 입었구나." 라고 한다면 아이는 자신의 판단과 선택에 용기를 얻게 될 것입니다. 이렇게 아이가 한 일에 대한 정확한 표현들은 자긍심을 더해주는 지원사랑의 기능을 충분히 전달한 것입니다.

셋째, 희망의 말, 축복의 말로 아이의 시선을 고정시키십시오.

많은 자녀 교육서에서는 자녀에게 좋은 축복의 말, 격려의 말을 가르치고 있습니다. 이런 언어들은 많이 들을수록 좋습니다. 그러나 격려와 축복이 상투적이거나, 현실과 동떨어져 있다면 그 말들은 자녀의 내면에 양분으로 스며들지 못할 것입니다. 또한 좋은 일에 축복하고 나쁜 일에 위로하는 경우가 대부분이지만 이 또한 상투적인 말이 될 수 있습니다.

시험을 잘 보지 못했거나 계획에 실패했거나 기대한 결과를 얻지 못했을 때, 희망의 말이 필요합니다. 인내의 시간을 지나는 자녀에게 실패가 없으신 하나님의 궁극적인 성취를 바라보게 해 주십시오. 부모의 좌절과 실패의 경험도 나눌 수 있을 것입니다. 실패가 과정인 것을 알기에 회복할 용기를 부모를 통해 배우게 해 주십시오. 실패 없는 것이 성공이 아니라, 실패와 좌절을 하나님 앞에서 극복하고 믿음으로 세워 가는 과정이 복된 여정임을 알게 해 주십시오.

좋은 성적이나 성공을 경험한 자녀에게는 쉽게 축복의 말을 할 수 있습니다. 그러나 자신의 성취를 높이는 것이 아니라 하나님의 목적을 따르는 인생을 축복하고, 삶의 방향이 자신의 만족과 성취에 머물지 않고 하나님의 뜻과 그의 나라에 있음을 전달할 때 더 높은 가치를 향한 믿음의 자녀로 세워지게 될 것입니다.

넷째, 대화의 통로가 막힘이 없도록 하십시오.

아이의 말을 들어 주십시오. 학교에서 돌아온 자녀들은 대부분 할 말이 많습니다. 학교에서 일어난 일, 친구들과의 일 등 자기 편에서 자신의 말을 들어 줄 대상에게 많은 말을 쏟아 놓고 싶어 합니다. 그때 아이에게 필요한 역할은 '들어 주는 사람'입니다. 판단하거나 중재하거나 가르치는 사람이 1차적인 역할이 아닙니다.

아이의 말은 자기의 상황을 말하느라 비논리적일 때가 많습니다. 그러나 한참 들어주다 보면 자기 상태를 객관적으로 찾아가게 되고, 친구도 이해하게 되고, 학교생활도 그리 비관적이지 않고, 나도 그리 잘못하지 않고 오늘도 괜찮았다라고 스스로 제자리를 찾아가게 됩니다.

그런데 똑똑한 어머니, 바른 말을 잘하는 어머니일수록 어떤 일이 있었는지 낱낱이 묻고 판단하고 개입하려 합니다. 그럼 아이는 말문이 막혀 불편했던 마음을 해소하지 못한 채 자신의 방으로 들어가고 맙니다. 그리고 점점 대화의 통로가 막히게 됩니다. 표정과 태도에서 자녀를 귀찮아하지 않고 무시하지 않는다는 것을 전달해 주십시오. 부모는 언제든지 자신의 말에 귀를 기울인다고 전달하십시오.

아이의 질문에 성실히 대답해 주십시오. 중년기 부모를 둔 청소년 자녀는 크고 작은 변화를 겪는 시기입니다. 아빠의 직장이 바뀔 수 있고, 엄마의 건강에 적신호가 올 수도 있고, 조부모님이 돌아가실 수도 있는 시기입니다. 가정의 위기가 늘 도사리고 있는 시기입니다. 이런 가정의 기류가 있다면 청소년 자녀들은 슬슬 눈치를 보게 됩니다. 그리고 궁금해하고 알고 싶어 합니다.

그때 "너는 알 거 없어, 공부나 해."라고 한다거나 " 애들은 몰라도 돼."라고 일축해 버린다면 자녀는 가족 구성원으로의 위치와 역할을 배우지 못하게 됩니다. 가정의 대소사나 어른들의 일을 궁금해할 때 자녀가 이해할 수 있는 표현으로 전달해 주고 기도제목으로 전달해 준다면 자녀는 나, 너, 우리의 개념을 알게 되고 그 위치와 역할을 자연스럽게 배워갈 것입니다.

다섯째, 자녀의 내면의 뿌리를 보십시오.

자녀의 관심과 친구 관계 등에 대해 세밀히 살피십시오. 자녀의 의식의 흐름이 어떻게 진행되는지 알아야 합니다. 모든 일에는 원인과 결과가 있는 것처럼 관심과 생각에는 출처가 있고 영향받은 관계가 있습니다.

자녀의 내면의 뿌리를 볼 수 있어야 합니다. 10대 자녀의 내면은 아직 그리 복잡하지 않습니다. 두세 단계 마음을 나누는 대화를 하면 볼 수 있습니다. 마음을 나누고 표현하고 전달하는 대화를 개발할 때 자녀와의 대화에 막힘이 없게 됩니다. 오히려 자녀는 엄마와의 대화를 통해 자신의 생각을 정리하고 문제를 잘 해결하게 됩니다. 10대 시절에 대화의 막힘이 없는 자녀는 성인이 되어서도 부모의 의견을 존중하게 될 것입니다.

그리고 자신의 인생을 부모로부터 받은 바른사랑을 통해 자신의 울타리를 세우고 채워가며 당당히 서게 될 것입니다. 이때 부모의 역할은 더 이상 통제 기능이 아닙니다. 명령하거나 강요할 수 없습니다. 부모는 지지자요, 응원자요, 격려자요, 안내자가 되는 것입니다.

유대인의《탈무드》에 보면, 토라 _{구약성서의 창세기, 출애굽기, 레위기, 인수기,} 신명기를 말하며, 모세오경, 모세율법이라고 한다. 히브리어로 가르침, 혹은 법을 뜻한다. 에 꿀을 발라 핥게 하는 의식이 있습니다. '하나님의 말씀은 달다'는 의미를 무의식적으로 경험하게 하기 위함입니다. 그리고 '옳은 것을 즐거워하라' 가르침을 전달합니다.

옳은 것을 아는 것은 중요합니다. 옳은 것을 깨닫고, 선택하고, 그 일을 즐거워하는 사람으로 자란다면 얼마나 좋을까요. 성인이 된 우리도 옳은 것을 아는 일과 선택하는 일이 쉽지 않습니다. 또한 그것을 즐거워한다는 것이 하나님의 은혜가 없이는 어렵다고 고백합니다. 그런데 어머니 된 여러분은 '바른사랑과 지원사랑'을 통해 옳은 것을 알고, 선택하고, 즐거워하는 자녀로 자라도록 도와줄 수 있습니다. 이 일은 어머니 혼자가 아닌 부모가 함께할 때 그 역할을 더 잘 수행할 수 있습니다.

가정은 사랑의 둥지,
언약과 은혜로 세우다

    가정은 결혼이라는 관계를 통해 남편과 아내가 엮어 만든 둥지입니다. 이 둥지는 단지 '행복한 가정'을 만드는 것이 목적이 아닙니다. 성경은 부부 관계를 통해 하나님의 관계를 배우도록 안내합니다. 구약성경은 '아버지 된 하나님과 자녀 된 이스라엘의 끊을 수 없는 관계'를 큰 그림으로 전달합니다. 또한 신약성경은 '신랑 된 그리스도와 신부 된 교회의 아름다운 관계'를 설명하고 가르칩니다.

    그러므로 우리는 부부 관계를 통해 하나님과의 깊은 관계를 배우고, 하나님과의 친밀한 관계를 통해 부부 관계를 한층 성장시켜 가는 것입니다. 이런 가정에서 자라는 자녀는 건강하게 자라고 하나님을 더욱 깊이 경험하게 될 것입니다. 부부가 함께 세워가는 가정은 다음 네 가지의 중요한 원리가 계속 적용 발전하면서 만들어집니다.

첫째는 언약입니다.

모든 결혼식에서는 혼인 서약을 합니다. 종교가 없는 이들도 서약을 합니다. 결혼은 약속이기 때문입니다. 모든 결혼은 이 약속으로 효력이 발생하고 보호됩니다.

약속에는 두 가지의 개념이 있습니다. 계약과 언약입니다. 계약은 조건으로 이루어집니다. 서로 그 조건을 유지하고 약속을 지킬 때 유효합니다. 계약으로 시작된 관계는 법의 지배를 받게 됩니다. 이 말은 조건이 유지되면 계약이 유효하지만, 조건을 어기면 그 계약은 흔들릴 수 있다는 것입니다. 그리고 깨어질 수 있음을 내포합니다.

"당신 처음 결혼 전에 한 약속과 틀리잖아."
"나만 희생하라는 법이 어디 있어? 당신은 뭘 했어?"
"당신은 원하는 대로 했는데 왜 내 뜻은 따라 주지 않아?"
"애는 당신이 제대로 가르쳤어야지. 도대체 집에서 뭘 했어?"

"당신은 애들 교육에 관심이나 있어? 나 혼자 낳았어?"

"왜 시댁에만 이런 선물을 해? 당신 우리 친정 생각을 시댁 반만이라도 했어?"

이처럼 흔히 부부 싸움에서 오가는 말들은 주로 조건의 불균형을 언급합니다. 불균형은 견고했던 관계라도 시간이 지나면서 금이 가게 됩니다. 균열이 갈 때 조치를 취하지 않는다면 예정된 결과를 맞게 될 것입니다. 계약에서 출발한 부부관계는 견고함의 정도에 따라 다르지만 불균형이 심화되면 깨질 수밖에 없습니다.

그러나 언약 위에 출발한 결혼은 다릅니다. 언약은 신권적 약속으로 조건에 의해 유지되는 것이 아니라 먼저 맺어진 관계 때문에 조건들이 베풀어지고 수용됩니다. 언약의 목적은 그 언약 관계에 합당한 자로 세워져 가는 것에 있습니다. 언약으로 작동된 관계는 불균형이 생길 때 '법'이 아닌 '은혜'의 지배를 받습니다.

둘째, 은혜입니다.

은혜는 '받을 자격이 없는 자에게 베풀어지는 것'을 말합니다. 대가를 지불하지 않고 얻게 되는 것, 되돌려 받는 것을 기대하지 않고 주는 것, 그것이 은혜입니다. 용서를 베풀고 용서를 받는 것입니다. 본질적으로 언약은 이 은혜로만 지속될 수 있습니다.

성경은 '은혜'에 관한 말씀이 많이 있습니다. 우리를 죽음에서 살리신 구원은 바로 하나님의 은혜입니다. 조건이 아니기에 그 은혜를 기억하며 그 은혜에 합당한 삶을 살아가는 것이 성도의 삶입니다. 은혜를 경험하지 않는 자는 그 은혜라는 작동 기제가 없기에 전달할 수 없습니다.

빅토르 위고의 소설 《레미제라블》에서 은식기를 훔친 장 발장이 잡혀 왔을 때 미라엘 주교는 그에게 은촛대를 내주면서 이것도 주었는데 왜 안 가져갔냐며 그를 위기에서 구합니다. 그리고 그에게 이렇게 말합니다.

"이 은을 판 돈은 당신이 정직한 사람이 되는 일에 쓰겠다고 약속해야 하는 것이오. 이제 당신은 악이 아니라 선에 속하는 사람입니다. 나는 당신을 위해서 당신의 영혼을 샀습니다. 나는 당신의 영혼을 음울한 곳에서 구원하여 하나님께 바칠 겁니다."

장 발장이 다시 죽음의 감옥으로 가게 될 위기에서 주교는 법을 부르짖지 않고 은혜를 입혀 주었습니다. 갚을 수 없는 은혜를 받은 자는 언약의 크기를 알게 되고, 언약의 당사자가 누구인지 아는 관계로 들어가게 됩니다.

부부 관계에서도 은혜가 필요한 시간은 많습니다. 부부 중 한 사람이 외도를 하는 경우나, 그 정도까지는 아니더라도 신뢰를 완전히 저버리게 하는 과오를 저질렀을 때 이를 위기로 가지 않게 하는 힘은 은혜가 작동할 때만 가능합니다. 이 은혜는 구원자이신 예수 그리스도와 강력히 연결되어 있는 관계의 통로를 통해서 흘러오고, 내가 맺은 관계를 통해서 흘러갑니다. 이 통로로 흘러가는 강력한 은혜의 힘은 받는 자에게 엄청난 영향력을 줍니다.

'언약'은 조건적인 믿음에서 출발한 것이 아닙니다. '믿을 만하다'는 계산된 신뢰를 바탕으로 약속이 성립되는 '계약'과는 다릅니다. 언약은 하나님의 사랑의 방식 즉, 사랑하기로 작정하고 사랑에 걸맞은 자로 세워 가시는 사랑법에 근거한 것입니다.

언약으로 시작한, 언약을 기초로 세워진 부부는 배우자의 신뢰도가 결혼을 유지하는 것이 아니라, 언약이 결혼을 기초하고 유지하는 중요한 근거입니다. 그러므로 이 근거를 토대로 한 부부는 서로에게 조건적이지 않은 신뢰를 쌓아가는 시간을 보내야 합니다. 신뢰를 저버리는 사건이나 신뢰할 수 없는 상황들이 생겼을 때 용납하고 회복할 기회를 더해 준다는 말입니다.

이 기준은 '하나님의 사랑'의 방식인 '은혜'의 방식으로만이 가능합니다. 언약을 기초로 한 부부는 하나님의 사랑의 방식인 은혜를 따라 서로의 실수와 허물을 용납하고, 때론 믿음을 저버리는 일이라도 용서합니다.

셋째, 힘의 부여입니다.

관계라는 통로를 타고 전달되는 힘은 상대를 자라게 하는데 이를 '힘의 부여Empowering'라고 합니다. 힘의 부여, 즉 전가된 힘은 우리가 흔히 생각하는 힘power과 큰 차이가 있습니다. 힘은 힘을 가하는 사람이 주인공이지만, 전가된 힘은 그 힘을 받는 사람이 주인공입니다. 다시 말해서 힘이 전가되어 나타나는 현상, 즉 성장에 초점이 맞추어져 있습니다.

《레미제라블》에서 미라엘 주교를 통해 하나님의 은혜를 경험한 장 발장은 진정한 새 삶을 삽니다. 선에 속한 사람, 정직한 사람으로 살 힘을 부여 받습니다. 그런데 이 소설은 여기에서 은혜에 대한 설명을 그치지 않습니다. 그가 판틴을 만나 자신이 받은 은혜가 흘러가야 함을 깊이 깨닫고 은혜 받은 자로 자신의 삶을 헌신합니다. 그래서 그는 전 생애를 판틴의 딸, 코제트를 키우는 일에 헌신합니다.

'힘의 부여'는 그 전가된 힘을 받은 사람을 세워가고, 자라게 하고 맘껏 발휘하게 합니다. 배우자의 성장을 위해 사용되는 가장 고급한 방식의 힘의 전가입니다. 하나님의 도우심을 통해 힘의 전가를 받은 부부는 진정한 성장을 이루고, 서로를 지으심에 합당하게 세워가게 되는 것입니다.

나에게 있는 힘은 무엇이 있습니까? 시간, 건강, 물질, 재능 등

객관적인 것도 있겠고 배우자와의 기억, 배우자를 이해하는 능력, 배우자를 웃게 하는 능력 등 주관적인 것들도 있을 것입니다. 더 깊이 세밀히 들여다보면 우리에겐 참 많은 힘이 있다는 걸 알 수 있습니다. 하나님은 나에게, 나의 배우자에게, 각자를 위해 그리고 우리를 위해 힘에 힘을 더해 주셨습니다. 그래서 우리는 이렇게 고백할 수 있습니다.

"나의 힘은 당신의 성장을 위한 것입니다."

넷째, 친밀한 관계입니다.

언약 위에 은혜가 더해지고 은혜로 힘이 전가되어 세워질 때 부부는 신뢰가 쌓이면서 더욱 친밀한 관계로 발전합니다. 배우자를 자신의 내면세계로 초대하여 열린 대화를 하게 되면 한 걸음 자라게 되는데 이때 형성되고 쌓이는 것이 친밀감입니다.

친밀감은 내면 깊이 뿌리내린 부정적인 감정들을 치유하는 능력이 있습니다. 고립감, 절망감, 우울감 등의 부정적인 감정이 자라지 않게 하는 백신과도 같습니다. 친밀감이 강한 부부는 정서적으로 안정되고 밝고 긍정적인 사고를 갖게 돼 자녀에게 좋은 모델이 됩니다.

친밀감이 쌓이기까지 부부는 자기중심적 관계에서 벗어나 그리스도께 나아가는 '그리스도 중심적 관계'로 발전 성장해야 합니다. 친밀감이 높은 부부는 언약이 견고해지고 은혜를 덧입게 되며, 서로를 더욱 성장시키는 힘의 부여가 그 위에 일어나고, 한 단계 더 발전된 친밀감을 형성하게 됩니다.

이 네 가지 원리는 마치 새가 나뭇가지를 한 켜씩 쌓으면서 둥지를 만드는 것처럼, 지속적이고 반복적으로 쌓여야 자녀를 건강하게 양육할 수 있는 튼튼하고 안전한 가정을 이루게 되는 것입니다.

부부가 팀 사역을 공유하라

부모의 역할은 둘로 나뉘지 않습니다. 부모는 서로 유기적으로 교류하며 역할을 공유하고 보완해야 하는 생명력 있는 관계이기 때문입니다. 아버지가 큰 그림을 그릴 때 어머니는 상세한 설명을 더해주고, 아버지가 망원경을 손에 쥐어줄 때 어머니는 현미경을 다른 한 손에 쥐어주듯 상호 보완하는 팀 워크를 이루어야 합니다.

팀은 둘 이상이 하나가 되어 같은 목표를 설정하고 수행하는 단위를 말합니다. 한 팀이라고 말하는 것은 한 목표, 한 방향, 한 작전을 함께 수행한다는 것을 의미합니다. 부부를 한 팀이라고 말하기 위해 둘이 공유하는 '사랑'이라는 이름이 얼마나 큰 의미를 지니고 있는지, 얼마나 더 큰 잠재력을 갖고 있는지 알아야 합니다. 부부는 한 팀입니다. 어머니가 아무리 뛰어난 양육자라도, 아버지가 아무리 다정다감한 능력자라도 혼자 다 잘할 수는 없습니다.

요즘은 엄마아빠가 함께 아이를 돌보는 모습이 자연스럽습니다. 부모교육 세미나를 진행할 때도 아빠가 같이 듣는 경우가 점점 늘어납니다. '자녀양육은 부부가 같이 해야 한다'는 말이 젊은 부부들에게는 너무나 당연합니다.

그러나 지금 10대 청소년 자녀를 둔 부모들 중에는 자녀양육 과정을 함께하지 않는 사람들이 많습니다. 자녀의 성장에 준비되지 않은 아버지, 자녀의 변화를 따라가지 못하는 어머니, 자녀의 관심과 마음을 읽지 못하는 부모님. 물론 이들 40대 부모는 30대 부모와는 다른 시대를 보냈기도 하지만, 자녀양육을 함께하지 못함으로써 소통이 제대로 되지 못하는 경우가 더 많습니다.

어린 자녀에게 책을 읽어주고, 놀이를 함께하지 못한 시간이 많은 아버지는 청소년 자녀와 외식을 나가도 별로 할 이야기가 없습니다. 어쩌다 아이의 진로나 계획, 성적 등에 대해 이야기하다 보면 조언을 한다는 것이 그만 자녀를 취조하는 식이 되고 맙니다. 자녀와의 거리를 좁히려고 만든 시간이 오히려 관계를 더 멀리하는 결과를 낳게 됩니다.

많은 아버지들이 아이의 친구 이름, 반, 좋아하는 학과목, 담임선생님의 이름 등을 모릅니다. 관심이 없는 건 아닌데 정보를 공유할 여유가 없기 때문입니다. 기초적인 정보가 공유되지 않으면 매일의 정보가 업데이트될 수 없습니다. 그래서 조금 더 치밀하게, 의도적으로 부부가 한 팀이 되어 공유해야 합니다.

대부분의 가정이 자녀교육에 있어서는 주로 어머니의 역할이 큽니다. 그러므로 어머니는 절대 시간을 공유하지 못하는 아버지의 빈자리가 만들어지지 않도록 역할을 하는 것이 필요합니다. 아버지에게는 자녀의 일상을 자주 업데이트해 주고, 자녀에게는 늘 어머니와 아버지가 함께한다는 것이 전달되도록 해야 합니다.

자녀들의 마음에 아버지에 대한 빈자리가 생기지 않도록 어머니가 노력하는 것은 어느 정도 가능합니다. 그러나 중요한 몇 가지는 부부가 한 팀이 되어 공유함으로써 효과적인 팀 워크를 이뤄야 합니다.

첫째, 자녀의 성장을 공유하십시오.

아이가 태어나면서 초등학교 입학할 때까지는 엄마아빠가 한 팀으로 많은 일정을 공유합니다. 백일, 돌은 기본이고 어린이집,

유치원 등의 교육기관에서의 행사를 온 가족이 참여함으로써 아이의 성장을 확인하고 축하합니다. 그 이후 초등학년기의 성장과 청소년기에는 생일 외에는 의미를 더해주는 가족 시간이 별로 없습니다. 자녀의 성장을 기념하거나 축하할 때 그냥 외식하는 것으로 끝내지 않고 엄마아빠가 함께 의미 부여를 위한 뭔가를 준비한다면 자녀는 성장의 변화를 자랑스럽게 기억하며 자랄 것입니다. 만일 부부가 의미 있고 창의적인 성장 축하를 해주고 있다면 이미 팀 워크를 공유한 부부입니다.

예를 들어 자녀의 생일에 갖고 싶어 했던 물건을 사주면서 "내년엔 더 열심히 공부해."라고 말한다면 아버지가 자신의 성장을 기뻐한다고 기억하는 자녀는 많지 않을 것입니다. 생일은 단지 생일잔치를 하는 날이 아니라 부모가 자녀에게, 자녀가 부모에게 사랑과 감사를 나누는 의미 있는 시간이 되어야 합니다. 그렇게 되려면 부부가 먼저 생각을 공유하는 준비가 필요합니다.

자녀의 생일에 어머니는 어떤 생각을 하나요? 지난 시간 동안 아이와 함께한 모든 사건들이 지나갈 것입니다. 임신과 출산에 대한 기억들을 비롯해서 굵직한 일들이 생생하게 떠오르겠죠. 그중에는 힘들고 실망했던 일도 있겠지만 즐겁고 행복한 시간들이 더 많을 것입니다. 이 말은 그 경중을 달아보아 그렇다는 것이 아닙니다. 자녀의 존재 자체가 주는 무게는 상황이 어떻든 사라지지 않는 가슴 가득한 감동이기 때문입니다. 그 생명의 존재로 인해 감사하고 소망된 미래를 기대하고 싶은 것 아닙니까?

이것은 아버지에게도 동일합니다. 비록 요즘 자라는 모습을 자세히 모를지라도 그 자녀가 주는 존재의 무게는 동일하기 때문입니다.

아이 생일에 아이의 성장 앨범이나 기록을 같이 보는 것을 시도해 보십시오. 그때 함께 나누었던 이야기, 함께한 약속, 자녀에 대한 생각 등을 이야기하는 것도 좋습니다. 물론 그 대화는 현재를 긍정적으로 보고, 하나님의 약속의 관점에서 해야 합니다. 두 사람이 대화를 나누다 보면 자연스럽게 자녀에게 하고 싶은 말도 나오게 될 것입니다.

아이들은 자신이 어릴 때 이야기를 참 좋아합니다. 그냥 "넌 귀여웠어." "사랑을 많이 받았지." 정도가 아니라 구체적인 일상을 이야기하면서 "그때 엄마아빠 마음이 ○○했어"라는 말을 들으면 아이는 '내가 어떤 상황에서도 늘 사랑받았구나'라고 생각합니다. 그리고 더불어 "넌 늘, 앞으로도 그런 존재란다."라고 전달한다면 아이는 가정이라는 울타리가 튼튼하다고 확신합니다.

만약 생일선물로 필요한 물건보다 아버지의 편지를 받는다면 어떨까요? 성인이 된 자녀가 자신의 보물로 '아버지의 편지함'을 간직한다면 어떨까요? 물질보다 더 가치 있는 선물을 하려면 아버지의 마음이 잘 담길 수 있도록 시간을 내야 합니다. 일 년에 한 번 자녀의 성장일기를 쓴다고 생각해도 좋고 자녀에게 연애 편지를 쓴다고 생각해도 좋습니다. 이 시간은 자녀뿐 아니라 아 버지에게도 큰 유익이 될 것입니다. 이 방법은 자녀 양육 중에서 가장 적은 수고로 큰 유익을 얻는 방법이라고 확신합니다.

자녀에게 부모의 마음이 제대로 전달되려면 어머니의 생각이 세워져야 하고, 아버지와 자녀의 성장을 공유하고 실행해야 합 니다. 그럴 때 자녀는 자신의 존재를 하나님 앞에서 더욱 깊이 뿌 리내리게 될 것입니다.

둘째, 가족의 영적 문화를 공유하십시오.

가훈이나 가족의 구호가 있습니까? 가족의 문화나 행사가 있 습니까? 가족의 문화는 오랜 시간 동안 함께 생각과 가치들을 공 유하고 나누는 과정을 통해 만들어집니다. 이야기가 지속되고 반 복되면 문화가 됩니다. 정기적으로 가정 예배를 드리거나 기도 회를 갖는 가정은 영적인 공감대를 통해 함께 나누고 성장하고 있으므로 영적 이야기가 만들어집니다.

저희 가정에서는 집을 나설 때마다 함께 구호를 나눕니다. "예수님과 함께 기쁜 하루!". 엄마든 딸이든 먼저 "예수님과!"라 고 선창을 하면, "함께!"라고 이어 외칩니다. "기쁜!"이라고 또 말하면 "하루!"라고 응답합니다. 오늘 하루 주님과 동행하며 어떤 상황에서도 기쁘게 자기 일상을 살자는 마음을 주고받는 것입니다. 혹 통화를 하다가도 먼저 "예수님과!"라고 구호를 나눕니다. 하루에도 몇 번씩 나누는 인사요, 응원이요, 고백입니다.

우리 집 가훈은 '하나님을 위하여 탁월하게 준비하고 이웃을 위하여 탁월하게 섬기자'입니다. 이 또한 "하나님을 위하여!"라고 외치면 이어서 "탁월하게 준비하고!"라고 외치고, "이웃을 위하여!"라고 외치면 "탁월하게 섬기자!"라고 응답합니다. 남편이 말하는 하나님의 자녀 된 특권은 이웃을 섬기기 위한 것이라는 가르침이 누적되어 만들어진 가훈입니다.

예수 제자로 살고 준비하는 일이 힘들어도 최선을 다하여 배우고, 익히고, 나누자고 서로 힘을 전가해 줍니다. 이 구호를 나눌 때에는 가족 모두가 각각 자신의 사명을 떠올리면서 서로 응원한다는 의미가 담겨 있습니다.

믿음의 공동체에서 자란 자녀들은 힘과 크기로 우열을 정하는 세상 속에서 보이지 않는 하나님을 바라보고 하나님의 통치가 먼저 자신의 삶에서 이루길 소망합니다. 우리 아이들은 세상 기준에 담기지 않는 그리스도의 제자로 서 가야 합니다. 그 목표 속에 스스로를 세워갈 수 있도록 부모는 돕는 자, 격려하는 자, 응원하는 자들이 되어야 합니다.

믿음의 부모들은 이 목적을 공유하며 함께 자라기 위해 배우고 훈련을 받아야 합니다. 책과 강의를 통해 배운 것들을 부부가 구체적으로 나누고 적용하십시오. 자신들의 양육방법을 평가하고 서로가 어떻게 돕기를 원하는지 이야기해야 합니다.

부부가 팀 워크를 위해 대화할 때에는 지적하거나 평가하는 어법은 피해야 합니다. "당신은 이렇게 해."라고 하지 않고 "나는 이렇게 하고 싶어. 내가 이렇게 하면 어떨까?" 라고 말하는 "나는 ~."이라는 어법을 사용하십시오. 한 팀으로의 결속력을 높이는 대화를 지속하는 데 도움이 될 것입니다.

무엇보다, 나의 팀 파트너를 위해 기도하는 일이 중요합니다. 그가 어떻게 해주기를 원하는 기도보다, 그가 하나님을 깊이 사랑하는 사람으로 매일을 살도록 기도해야 합니다. 하나님의 자녀로 아버지의 사랑을 매일 경험하며 하나님 아버지를 닮는 아버지가 되도록 기도해야 합니다. 자녀의 성장을 매일 느끼며 기뻐하는 아버지가 되기를 기도해야 합니다.

자녀양육은 남편과 아내가 한 팀으로 주께서 맡기신 생명을 돌보는 일임을 기억하며 감사 기도를 할 때 우리의 능력이 아닌 주의 은혜로 자녀들과 함께 자라는 축복된 가정을 공유하게 될 것입니다.

파트너를 파악하라

한 팀으로 목표를 세우고 작전에 들어가기 전에 반드시 파악하고 점검해야 할 것이 있습니다. 바로 파트너입니다. 어머니의 파트너인 아버지는 함께 안정된 둥지를 만들고 균형 있는 사랑을 공급하는 자입니다. 한 팀으로 함께 배우고 성장하고 격려하고 응원하며 목표와 작전을 공유해야 합니다. 그러나 당신의 파트너 '아버지'는 당신과 함께 그 자리에 있습니까?

한 어머니가 어느 날, 중학생인 아들의 담임선생님으로부터 전화가 걸려오고 부부가 학교로 불려가 아들의 문제와 직면하는 상황이 되었습니다. 어머니는 아들이 친구들과의 갈등으로 힘들어 한다는 것을 알고 있었습니다. 학원도 곧잘 빼먹고 가끔씩 옷에서 담배냄새까지 나는 것도 알고 있었습니다. 아이를 찾으러 동네 PC방을 뒤진 적도 여러 번입니다.

그러나 남편에게 아이의 모습을 얘기하지 않았습니다. 늘 늦게 들어오기도 하거니와 어쩌다 말이라도 슬쩍 꺼낼라치면 언성이 높아지기 때문입니다. 회사 일도 늘 복잡하고 힘든 아버지는 갑자기 문제 학생의 부모로 불려가는 이 상황을 인정할 수 없었습니다. 아버지는 꼬박꼬박 월급을 갖다주며 힘들게 일하는데 대체 집에서 뭘하냐고 아내를 비난했습니다. 가정에서 자기 역할을 제대로 하는 사람은 자신밖에 없다며 아내를 야단쳤습니다. 그러나 어머니는 억울합니다. 지금껏 남편 모르게 애쓰며 아들을 돌봤는데 모든 책임을 자신에게 떠넘기다니, 남편이 야속한 것을 넘어 화가 납니다.

어머니들을 만날 때 공통적으로 듣는 말은 남편은 너무 바쁘다, 너무 일방적이다, 나에게 다 미루어 버린다, 대화가 안 된다, 신앙이 없다 등의 말입니다. 한마디로 파트너로 함께 일하기 너무 힘들다는 것입니다. 팀이 이루어지기는커녕 아이보다 손길이 더 많이 가는 또 한 명의 돌보기 대상이라고 말합니다.

그렇습니다. 결혼 10년이 넘어 10대 자녀를 둔 부부에겐 드러나든 혹은 드러나지 않든 그 역할과 영역이 각각 있고, 서로 묵인하고 그러려니 하고 넘어가는 모습들이 있습니다. 이런 파트너의 현주소가 파악되면 불평하는 것으로 끝나지 말고 인정하고 다음 단계로 나아가야 합니다. 남편에 대한 객관적인 시각이 있을 때 현실적인 대처와 협력이 일어나고 구체적인 코칭이 이루어질 수 있기 때문입니다. 자녀양육에 있어 실질적으로 주도적

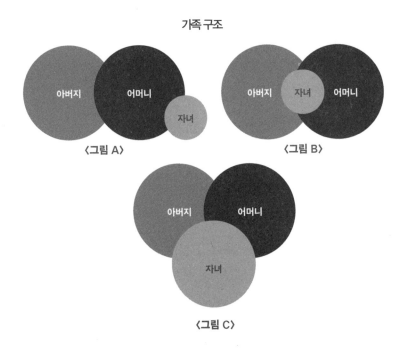

가족 구조

〈그림 A〉   〈그림 B〉

〈그림 C〉

역할을 하는 어머니가 남편과 자녀를 모두 끌어안아야 가족이 성장할 수 있습니다. 어머니가 적극적으로 남편을 세우고 자녀와 연결하는 가정의 코디네이터가 되어야 합니다.

〈그림 A〉는 어머니가 아버지와 자녀와의 사이에서 중재자 역할을 하는 경우입니다. 그러나 어머니는 아버지와 자녀의 중재자나 의사 전달자에 머무르면 안 됩니다. 〈그림 B〉는 어머니와 아버지가 한 팀이 되어 서로 공유 영역을 갖고 있습니다. 그리고 그 공유 영역 안에 자녀가 담겨 있습니다. 부부가 팀 워크를 잘 이루고 있는 경우입니다. 이렇게 부모의 공유 영역 안에서 자란 자녀는 〈그림C〉처럼 건강한 독립을 이룰 수 있습니다.

부부가 한 팀을 이루기 위해서는 꾸준한 소통과 하나가 되기 위한 훈련이 필요합니다. 어느 때부턴가 자녀와 대화가 멈춘 아버지는 매일 같은 말만 반복합니다. 그것도 주로 공부와 관련된 것들입니다. "요즘 공부 잘하고 있어?", "성적 좀 올랐어?"와 같은 것들이죠.

어머니는 아버지가 자녀와 대화의 폭을 넓힐 수 있도록 관심사를 공유하게 해야 합니다. 아이의 자질구레한 일상까지 가급적 많은 이야기를 남편에게 해주십시오.

특히 자녀를 보면 첫마디가 명령이나 지적 혹은 질문을 하는 아버지는 대화 방식을 바꾸어야 합니다. 이런 공격형 대화는 상대를 방어하게 하고 마음을 열게 하지 못합니다. 편안하게 무장을 해제하는 대화로 문을 여는 연습이 필요합니다.

아버지가 자신의 감정을 이야기하는 대화를 시작한다면 자녀는 편안하게 대화에 참여할 수 있습니다. 아버지가 짧은 유머를 해도 좋습니다. 재미가 없다고 해도 그 대화 자체가 거리를 좁힐 수 있습니다. 자녀나 아내의 말에, "그랬어?" "정말?" "그랬구나?" "신기한데" "좋은데" 등의 의미 없는 말이라도 공감하는 말과 표정을 동반한 리액션을 해 준다면 마음이 확 열리게 됩니다. 아버지가 운동이나 집안일을 같이 하는 등 눈높이를 맞추는 대화를 할 수 있도록 연습할 기회를 갖는 것도 방법이 될 수 있습니다.

그런데 아버지가 없는, 가장이 부재한 가정이 있습니다. 지금까지 이야기한 원리로 보면 좋은 둥지를 이룰 수 없는 원초적인 불균형 상태의 가정입니다. 그러나 그렇지 않습니다.

먼저 아버지가 사별한 경우에는 현실에서는 아버지가 함께 살지 않기 때문에 대화를 할 수 없습니다. 많은 순간 아버지의 부재가 가족들에게 아픔이 되고 어려움이 될 수 있습니다. 그러나 아버지가 없다고 아버지의 자리가 없는 것은 아닙니다.

영향력을 주는 것은 해석이요, 기억입니다. 사진이나 추억을 이야기하며 거기에 담긴 의미와 사랑을 전해 주십시오. 어머니에게 아버지가 어떤 존재였는지 두 사람의 사랑에 대해서도 이야기해 준다면 어머니를 통해 전가되는 아버지가 자녀의 마음에서 확장될 것입니다. 아버지를 기억할 때마다 자녀는 사랑받는 존재라는 것을 기억하게 될 것입니다.

둘째, 이혼한 경우입니다. 이혼한 가정은 파트너의 부재를 넘어 파트너와의 적대적 관계라는 장벽을 극복해야 합니다. 부부 관계가 깨진 것은 자녀와 무관하다는 것을 아이에게 지속적으로 전달해야 합니다. 이혼한 경우 부부만 힘들고 상처 난 것이 아니라 자녀도 같은 아니, 더 큰 상처를 입었다는 것을 인식해야 합니다. 두 사람의 감정이나 상태와는 별개로 자녀를 위해 서로 협력해야 한다는 것을 기억해야 합니다.

자녀양육에 있어서는 부부의 이혼 사유와 관계없이 그 역할을 분담하거나 공유해야 합니다. 그 어느 때보다 청소년기를 보내는 자녀에게는 세심한 돌봄과 기도가 더욱 필요하기 때문입니다.

셋째, 아버지의 기능적 부재인 경우입니다. 아버지와 함께 살지만 아버지의 역할을 상실하거나 그 자리가 비어 있는 가정이 있습니다. 어머니가 가려줄 수 없는 모습을 자녀가 자라면서 자연히 보게 되고, 언급하지 않는 어두운 이야기를 통해 아이들은 가정의 위기를 예감합니다. 이런 자녀들은 불안해하고, 자신의 일에 집중하지 못하게 됩니다. 사실 이런 경우 가장 힘든 구성원은 어머니입니다. 그러나 가장 힘을 내고 이성적으로 대처해야 할 사람도 어머니입니다. 부부의 문제로부터 아이를 보호하고 아이를 양육해야 하기 때문입니다.

아버지가 부재한 어떤 경우에도 어머니는 팀 워크를 주도하는 자입니다. 아버지의 부재가 부족으로 이어지지 않도록 하나님의 도우심을 더욱 구해야 합니다. 아버지 하나님과의 관계가 영적 삶뿐 아니라 일상에서 매일 공급하는 아버지, 동행하는 아버지, 가르치고 인도하는 아버지, 자녀와 동행하고 친밀하게 교제하는 하나님 아버지가 되어주시길 기도해야 합니다. 육신의 아버지의 빈자리를 하나님 아버지와의 동행으로 채워가는 자녀는 하나님의 자녀로 더욱 견고하고 정확하게 세워질 것입니다.

가정의 둥지를 견고하게 하는 방법

결혼 후 일과 자녀양육에 힘쓰다가 허리 한 번 펴면 10년이 훅 지나갑니다. 다시 힘내서 열심히 살고 또 한 번 허리를 펴면 또다시 10년이 지나갈 겁니다. 어머니인 당신뿐 아니라 아버지 인 남편도 같은 심정일 것입니다. 어머니가 되고 아버지가 되어 희망차게 시작했지만 점점 어깨는 무겁고, 가슴은 답답하고, 허 리는 뻐근하고, 보이는 것은 분명하지 않습니다. 인생의 무게가 피할 수 없는 굴레처럼 느껴질 때가 많습니다. 이런 우리에게 혼 자가 아니라 동반자가 있다는 것이 감사요, 축복입니다.

이인삼각 경기가 있습니다. 두 사람이 각각 한쪽 발목을 묶고

세 발로 달리는 경기입니다. 내 다리와 파트너의 다리가 하나가 되려면 둘이 한몸처럼 끌어안아야 하고, 세 발을 두 발처럼 움직여 앞으로 나가려면 호흡도 맞춰야 하고, 넘어져도 같이 일어나 끝까지 가야 합니다. 함께하지 않으면 끝까지 경기를 해낼 수 없습니다.

자녀를 양육하는 것은 부부가 이인삼각으로 달리는 것과 같습니다. 그러나 빨리 가는 것이 목표가 아니라 결승까지 들어가면 되는 경주입니다. 그 경주를 잘 해내기 위해 팀 워크를 개발해야 합니다. 변화에 맞게 지속적으로 성장해야 합니다. 가정의 둥지를 견고하게 하는 원리를 끊임없이 실천하고 업그레이드해야 합니다.

30대와 40대가 다릅니다. 사춘기 자녀를 처음 키웁니다. 첫째를 경험했다고 둘째가 저절로 되지 않습니다. 그래서 같은 일도 다른 조건에서 처음처럼 대하는 자세가 필요합니다. 50대와 60대는 또 달라집니다. 부부가 서로에게 성실함과 겸손함으로 이 시간들을 맞이할 때 성숙한 관계로 남게 됩니다. 그러기 위해서 신선하게 다가가려고 창의적인 시도를 할 필요가 있습니다.

먼저, 남편과 함께하는 모든 것을 즐거워하십시오.
즐거워하는 사람은 함께하는 이들에게 평안을 선물합니다.

10대 자녀를 둔 부모쯤이면 10년 넘게 함께 살았으니 서로 잔소리나 단점을 나열한다고 해서 잘 바뀌지 않는다는 것을 압니다. 오히려 그렇게 할수록 관계는 껄끄러워지고 마음은 혼란스러워지며 에너지가 소진된다는 것을 경험을 통해 압니다.

어머니가 먼저 부족한 상태를 즐겁게 대처해 나가야 합니다. 그러나 즐거운 상태를 유지하는 것은 저절로 되지 않지요. 애쓰고 노력하는 데는 한계가 있습니다. 원천적 기쁨에 연결되어야 가능합니다. 그래서 매일 주의 말씀으로 새로운 힘을 공급받아야 합니다. 그 힘은 말씀 안에서 내가 누구인지 발견할 때 가능합니다. 오늘을 은혜로 채우시는 하나님을 즐거워할 때 가능합니다. 기쁨은 상황이 주는 것이 아니라 존재 자체를 즐거워하는 것입니다. 주와 동행함을 즐거워하는 한 사람 어머니, 당신으로 인해서 남편에게 즐거움이 전가되고 가정이 따뜻해질 것입니다.

둘째, 격려의 달인이 되십시오.

한 해 한 해 나이가 들수록 낙담하는 일이 점점 늘어납니다. 예전에는 맘만 먹으면 해내던 일들도 자신감이 떨어지고 거울에 비친 모습은 마음에 들지 않습니다. 머리숱도 줄어들고 집중력이나 기억력도 줄어듭니다. 늘어나는 것이라곤 나이와 뱃살뿐입니다. 특별한 다른 어려움 없이 자연스럽게 나이 들어가는 것만으로도 낙담이 됩니다.

그래서 우리에겐 격려가 필요합니다. 그냥 가만히 있어도 무겁게 짓누르는 우울감이 실체가 있는 것이 아니라 삶의 중력임을 인정하고, 그래도 참 잘 살아왔다고 격려하는 한 사람만 있으면 됩니다. 멋있게 나이 들었다고 말해주며 엄지를 올려 주는 당신 앞에서 나이 든 남편은 청년의 미소를 지을 것입니다.

결혼 초반 젊은 시절에는 서로 옳다고 주장하고 틀린 것을 꼭꼭 집어내며 상처를 굳이 확인하며 싸웁니다. 그래야 바로 고쳐지는 줄 알았기 때문입니다. 하지만 10년 넘어 20년 바라보는 부부는 득보다 실이 많은 충돌은 피하며 살 줄 알게 됩니다. 이때 더 지혜로운 부부는 서로 격려하며 삽니다. 그렇게 사는 것이 기대하지 않는 효과를 준다는 것을 알기 때문입니다. 지속적으로 인정받고 격려를 받게 되면 스스로 회복 능력이 생겨서 시키지 않아도 스스로 조금씩 변화하는 것을 보게 됩니다.

그러나 이것은 아주 오랜 시간이 걸리는 일이므로 조급한 마음으로 격려한다면 금세 지칠 것입니다. 그냥 있는 그대로를 받아들이는 것입니다. '괜찮다'라고 인정하고 '좋아질 거야'라고 격려하고 '잘할 수 있다'라고 응원하며 긴 여정을 함께 가는 것입니다. 그러다 보면 변화됩니다.

흔히 집 밖은 전쟁터라고 말합니다. 그곳은 자신이 쓸모 있는 자요, 필요한 자인 것을 끊임없이 증명하고 확인시켜 주지 않으면 언제든지 밀려나는 곳입니다. 기다려 주지 않고 기회를 무한정 주지도 않습니다. 그래서 더욱 집안에서 격려가 필요합니다. 집안은 생존하려고 애쓰지 않아도 되는 곳이고, 능력을 증명하라고 요구받지 않는 곳입니다. 그것을 전달해줄 사람이 바로 동반자, 당신입니다.

매일 한 가지씩 격려해 주십시오. 잘하는 것을 찾으려고 하지 않아도 됩니다. 외모, 생각, 가족을 향한 마음, 자세 등 있는 모습 그대로 좋아하는 것을 표현하면 격려가 됩니다. 부족할 때 응원하면 격려가 됩니다. 잘못했을 때 웃으며 괜찮냐고 위로하면 격려가 됩니다.

격려의 달인이 되십시오. 창의적이고 다양한 격려를 개발하십시오. 당신밖에 없습니다. 배우자를 높여주고 이해해주고 보이지 않는 곳까지 알아줄 수 있는 사람은 당신밖에 없습니다.

"당신, 수고했어. 당신 덕이야. 당신 없었으면 이 길을 생각 못했을 거야."

"당신은 하나님이 날 위해 보내신 선물이야."

배우자의 격려와 칭찬은 그 어디에서도 들을 수 없는 것으로 힘이 되고 삶의 의미가 됩니다. 부부의 이런 모습은 자라는 자녀들에게도 안정감을 더해 줄 것입니다.

셋째, 이 모든 일에 감사하십시오.

함께 쌓아온 시간들만큼 후회도 많고 과오도 많이 드러납니다. 아이가 학교 성적이 나빠도 충분히 못 가르쳐 그런 것 같고, 너무 유약해도 잘못 키운 것 같고, 반항하는 모습을 보면 제대로 못 돌본 것만 같습니다. 남편도 당신에게 만족스럽지 못한 것 같으면 더욱 지치고 낙담돼 주변이 다 부정적으로 보일 것입니다. 그러면 감사가 사라집니다.

오늘 내 곁에 있는 사람, 내게 베풀어진 환경, 내게 주어진 상황, 그 어떤 것도 하나님이 허락하지 않은 것이 없기에 궁극적으로 선하게 이끄실 그분으로 인해 감사할 수 있습니다.

그리스도를 믿는 우리에겐 영생의 약속이 있습니다. 이 땅에서의 삶은 무언가를 더 누리려고 애쓰는 것이 아니라 함께 그분을 즐거워하며 살아가는 일이므로 감사할 수 있습니다. 지금 믿음이 연약한 가족이 있다고 해도 하나님의 성실하심이 그 사랑을 온전히 이루어 가실 것이기에 미리 감사합니다.

부부가 감사의 말을 자주 주고받으십시오. 감사한 일이 생각나면 바로 전달하십시오. 아무 때나 소통할 수 있는 도구가 그 어느 시대보다 발달한 세상에서 모든 도구를 다 사용하여 마음을 전달하십시오. 부부가 사랑의 말을 주고받을 때 자녀는 자신들이 사랑받는다고 느낍니다. 더불어 건강한 가정으로 세워질 것입니다.

확대 파트너를 확보하라

내 아이만 잘 크면 된다는 생각이 무모하다는 것을 깨닫는 데는 그리 오랜 시간이 필요하지 않습니다. 내 아이만 잘 큰 세상은 내 아이가 결코 잘 살 수 있는 세상이 아니기 때문입니다. 내 아이가 잘 성장하고 잘 살기 위해서는 그런 아이들이 많아야 합니다. 그러니 나와 같은 생각을 여러 사람과 공유해야 하는 것입니다. 이런 생각이 모이고 커지면 힘이 생깁니다.

경쟁과 생존을 위해 존재하는 학교 현실 속에서 학부모를 위한 서적, 모임 그리고 대안학교의 부모교육 등은 이런 생각의 장을 확대하고 구체적인 대안을 연구하게 합니다. 바른 교육, 하나님을 경외하는 교육, 하나님의 세계를 학문하는 교육을 함께 연구하고 안내하고 있는 대안학교도 여럿 있습니다. 이 큰 물줄기는 다음 세대를 향해 준비하신 하나님의 계획입니다.

부부가 둥지를 견고히 만들어 안전하고 균형 있게 자녀를 키우는 가정이 첫 번째 단위의 공동체입니다. 공동체는 신뢰를 기초로 교류하고 유기적인 관계를 통해 공동의 목적을 이루어 갑니다. 이런 공동체가 모여 확대 공동체를 만들어 가고, 그들이 공유하는 생각은 더 영향력을 발휘하게 됩니다. 이런 의미의 확대 공동체를 만나고 공유해야 합니다. 교회 공동체, 기독학교 등이 확대 공동체입니다. 될 수 있으면 확대 공동체를 만나 다음 세대를 잘 준비하는 팀 워크를 배우고 공유하길 권합니다.

좀 더 작은 의미의 확대 파트너도 필요합니다.

저는 둘째 아이가 고등학교 진학할 무렵 대안학교를 생각했습니다. 일반학교에 보내는 것에 아무 저항이 없었다면 접하지 않았을 것입니다. '학교는 안전한가' '내 아이에게 필요한 배움은 어떤 것이어야 하나' '하나님의 계획은 무엇일까' 등등 여러 가지 질문을 풀기 위해 기도했고, 찾아 다녔고, 공부했고, 대화했습니다.

많은 부모들이 자녀의 성장과 함께 위와 비슷한 질문들을 하며 자녀에게 맞는 교육을 찾고 학교를 찾는 경험을 했을 것입니다. 사람들은 다른 생각을 하거나 다른 선택을 하면 비판을 먼저합니다. 자녀를 위해 학교를 선택할 때도 주위에서는 무슨 문제가 있는 것처럼 봅니다. 그래서 내 아이의 성장과 변화에 기도하지 않는 사람들의 말에 마음이 상하기도 합니다. 이런 어머니에게 정말 필요한 사람들이 바로 확대 파트너입니다.

변화와 위기를 넘어가는 우리들처럼 성경에 두 여인의 이야기가 있습니다. 이 두 여인은 각각 예상치 못한 위기를 맞고 변화의 긴 터널을 지나게 됩니다. 이들은 모두 하나님의 동행을 믿고 묵묵히 각자의 길을 가는 여인들이었습니다. 물론 동반자인 남편과 함께하고 있었지만 그들에게 확대 파트너가 필요함을 하나님은 알고 계셨습니다. 그 두 여인은 바로 엘리사벳과 마리아입니다.

보라 네 친족 엘리사벳도 늙어서 아들을 배었느니라. 본래 임신하지 못한다고 알려진 이가 이미 여섯 달이 되었나니 대저하나님의 모든 말씀은 능하지 못하심이 없느니라. 마리아가이르되 주의 여종이오니 말씀대로 내게 이루어지이다 하매 천사가 떠나가니라. 이때에 마리아가 일어나 빨리 산골로 가서

유대 한 동네에 이르러 사가랴의 집에 들어가 엘리사벳에게 문안하니 엘리사벳이 마리아가 문안함을 들으매 아이가 복중에서 뛰노는지라. 엘리사벳이 성령의 충만함을 받아 큰소리로 불러 이르되 여자 중에 네가 복이 있으며 네 태중의 아이도 복이 있도다. 내 주의 어머니가 내게 나아오니 이 어찌된 일인가. 보라 네 문안하는 소리가 내 귀에 들릴 때에 아이가 내 복중에서 기쁨으로 뛰놀았도다. 주께서 하신 말씀이 반드시 이루어지리라고 믿은 그 여자에게 복이 있도다. (누가복음 1:36~45)

엘리사벳과 마리아는 말할 수 없이 무거운 마음을 가진 여인들이었습니다. 위 말씀은 누구와도 나누기 어려운 위기를 주님의 약속을 믿고 기대하며 은밀한 가운데 기도하는 두 여인이 만나는 장면입니다. 두 여인은 하나님의 일하심을 보는 증인들이요, 서로에게 기도하는 동역자입니다. 하나님의 일하심을 공유하고 응원하는 확대 파트너입니다.

그런데 이 두 여인의 기도에도 다음 날 아무 변화가 없었습니다. 다음 해에도 아무 증거가 드러나지 않았습니다. 두 여인의 믿음의 여정은 한 세대가 지나는 30년 후 인류를 구원하는 하나님의 구원 역사의 한가운데 서게 됩니다. 하나님의 뜻이 두 어머니의 아들들을 통해 역사하고 이루시는 것을 보게 됩니다. 주님의 약속은 반드시 이루어집니다.

당신에게 함께 기도하는 파트너가 있습니까? 기도 제목을 나누는 확대 파트너가 있습니까? 주님의 약속을 믿고 은밀한 가운데 기도하는 자들은 서로에게 동역자요, 확대 파트너입니다. 그러므로 서로를 이런 마음으로 맞아야 합니다.

'나의 시간과 마음을 당신과 함께 하나님의 뜻을 위해 기도로 드립니다.'

나누는 기도제목이 구체적이든 고통의 신음이든 마음으로 받고 바로 기도해야 합니다. 나누는 대화를 즉각 기도로 바꿔 주께 드려야 합니다.

'주님, 여종의 마음을 받으소서. 여종의 기도를 들으소서.'

그리고 이렇게 고백하고 격려할 수 있어야 합니다.

"믿음의 여정은 외롭지 않습니다. 헛되지 않습니다. 약속을 마음에 담고 기도하며 사는 어머니인 당신이 맞이하게 되고, 보게 되고, 고백하게 될 것입니다."

방울이의 둥지

따뜻한 봄볕은 모두를 자라게 합니다.

숲에 사는 생명들도 저마다 햇살을 향해 올라가듯 손짓합니다.

"우와, 오빠도 이제 하늘 위로 날아요."

둥지에 작은 새가 머리만 하늘로 쏘옥 내밀며 말했습니다.

"방울아, 네 차례야. 너도 나는 연습을 해야지."

"난 아직 날개가 작아서 안 돼요. 엄마."

"아냐, 너도 할 수 있어."

"내일 할게요. 내일."

방울이는 둥지 안으로 쏘옥 들어갔습니다.

"아, 좋다. 둥지는 너무 편안해. 난 여기 있을 거야."

다음날에도 방울이는 고개만 빼꼼히 내밀고 하늘만 올려다봅니다.

"방울아, 저기 숲을 지나면 호수가 있어. 연습해서 같이 가자."

"엄마, 난 그냥 둥지에 있을게요. 내 걱정 말고 다녀오세요. 난 여기가 좋아요."

방울이는 하늘을 나는 가족들이 부러웠지만 꼭 날지 않아도 된다고 생각했어요.

"방울아, 엄마도 맨 처음 날개를 폈을 때는 정말 무서웠어. 내 날개가 작아서 절대로 하늘을 날 수 없다고 생각했거든."

"엄마도 날개가 작았어요?"

"그래. 그런데 할머니가 그러셨어. 지금 날개를 펴고 연습해야 먼 여행을 갈 수 있다고."

"엄마, 얼마나 오랫동안 갔다 올 거예요? 난 여기에서 기다리면 안 돼요?"

엄마새는 방울이의 머리를 쓰다듬으며 말했어요.

"우린 아주 멀리 갈 거란다. 넌 어른이 되고 친구를 만나 새로운 집을 짓게 될 거야. 이제 우리는 이곳으로 오지 않아."

"싫어요. 난 이 둥지가 제일 좋단 말예요. 난 안 갈래요."

방울이가 머리를 둥지 깊숙이 파묻었지만 엄마는 하늘로 날아올랐어요.

"더 더워지기 전에 날아야 해. 그래야 너도 먼 여행을 할 수 있어. 친구도 많이 만나고."

며칠이 지난 후 방울이는 둥지 밖으로 날개 한 짝을 살짝 내밀었어요. 그리고 펄럭여 보았어요. 깃털 사이로 들어오는 봄바람이 몸을 들썩이게 했어요.

'정말 나도 날 수 있을까?'

방울이는 용기를 냈습니다.

"오늘은 저도 날아 볼게요."

"그래, 엄마를 따라하는 거야. 엄마만 보면 돼."

방울이는 둥지 위로 올라섰어요. 날개를 펼쳐보았지만 그러나 발은 좀처럼 떨어지지 않았어요.

'발이, 발이 안 떨어져. 어떻게 하지?'

그때 둥지 안에 있던 오빠가 방울이를 밀어버렸어요.

"아아악! 엄마 도와줘요!"

방울이는 아무 생각도 나지 않았습니다. 눈도 못 뜨고 밑으로 또 밑으로 떨어지고 있었어요. 그때 아빠 목소리가 들렸어요.

"방울아, 방울아! 아빠야. 눈 떠봐."

아빠새가 방울이를 날개로 받아서 높이 올라가고 있었어요.

"아빠다. 휴우! 다행이다."

"아빠는 널 계속 지켜보고 있었어. 네가 날 수 있게 도와주려고. 아빠는 여행길에서 언제나 네 곁에 있을 거야."

방울이는 아빠의 날개에 얼굴을 문질렀어요.

"네, 아빠가 있으면 다 할 수 있어요."

"그럼, 우리 다시 날아 볼까? 아무 걱정할 것 없어. 또 떨어지면 아빠가 받아 줄 테니까. 걱정하지 말고 잘할 수 있을 때까지 해보는 거야. 어때, 할 수 있겠지?"

바로 앞에서 엄마도 큰 날갯짓으로 응원하고 있었어요. 방울이가 고개를 끄덕이자 아빠는 높이 날아가 방울이를 뚝 떨어뜨렸어요.

"으악! 방울이 살려!"

방울이는 날개를 겨우 폈지만 제대로 저어보지도 못하고 떨어지고 말았어요. 이번에도 아빠가 방울이를 받아 주었어요.

"잘했어. 우리 방울이 날개가 제법 크던데. 몇 번만 더 연습하면 금방 날겠구나."

"정말요? 저 잘했어요?"

방울이는 떨어질 때는 몹시 무섭고 기분이 나빴지만 아빠가 큰 날개로 받아준다 생각하면 그리 무섭지 않다는 생각이 들었어요. 몇 번을 더 해야 할지 모르지만 점점 잘하게 될 거라는 생각도 들었답니다. 그러다 오빠처럼 날게 되고, 엄마처럼 여행도

하게 되고, 언젠가는 아빠처럼 튼튼한 날개를 갖게 될 거라 생각
하니 갑자기 신이 났어요.

"아빠, 이번에는 더 높이 올라가 보세요. 제가 날갯짓을 두 번
해볼게요. 아셨죠?"

여름햇살은 모두를 자라게 합니다. 숲에 사는 생명들도 모두
자라서 저마다 모양도 색깔도 달라집니다. 방울이도 이젠 둥지
보다는 햇살을 받으며 하늘을 날아다니는 것을 더 좋아합니다.

"엄마, 제 날개 색깔 보세요. 달라졌죠?"

"그렇구나. 이제 색깔이 제법 짙어졌는데? 크기도 커지고."

"이 정도면 저도 먼 여행을 떠날 수 있겠죠?"

"그럼, 너도 이젠 스스로 할 수 있는 게 많아졌잖아. 이제 둥
지 짓는 법만 배우면 돼."

"우리집은 여기 있는데 또 지어요? 이렇게 좋은 집을 버릴 수
는 없어요."

"버린다고 생각하지 마. 네가 배우고 자란 이곳을 기억하며
너의 둥지를 짓는 거니까. 네 기억 속에는 이 둥지가 언제나 있
단다."

"그렇구나. 그런데 나 혼자 집을 어떻게 지어요?"

"집은 혼자 짓는 게 아냐. 너도 엄마아빠처럼 가족이 생길 거

야. 그럼 굵은 나무의 튼튼한 가지를 찾아 터를 잡아야 해. 그리고 작은 가지들을 모아서 하나하나 엮으면 돼."

엄마는 둥지로 되돌아왔어요. 방울이도 엄마처럼 가볍게 둥지로 날아왔어요.

"잘 기억해. 둥지를 만들 때는 네 종류의 가지가 필요하단다."

엄마는 날개로 둥지의 맨 안쪽을 가리켰어요.

"첫째는 튼튼한 가지를 골라야 해. 절대 떨어지지 않는 가지를 고르는 거지. 이 가지는 나무와 연결되어 있어야 해. 그 가지 위에 둥지를 지어야 하거든."

엄마는 중요하다는 의미로 방울이를 향해 눈을 크게 떴어요.

"우리집처럼 튼튼한 나무의 튼튼한 가지, 맞죠?"

"그래. 그 다음은 받쳐 주는 가지야. 어떤 무게도 받쳐 줄 수 있는 가지를 선택해야 해. 너무 가늘거나 낡은 건 안 되겠지? 두 번째 가지는 첫 번째 튼튼한 가지와 잘 연결되어 있어야 해. 그래야 둥지를 안전하게 받쳐 줄 수 있는 힘이 생기거든."

엄마는 방울이에게 따라오라면서 휙 날아 다른 나무로 날아갔어요. 그리고 길게 하늘을 향해 뻗은 가지에 올라서서 몸을 흔들었어요.

"이 가지 보이지? 세 번째 가지는 이 가지처럼 탄력이 있어야 해. 디딤판을 만들 가지거든. 디딤판이 탄력 있어야 날아오르기도 쉽단다."

방울이는 엄마가 말한 것을 잘 기억해야겠다고 생각했어요.

"네 번째는 매끄러운 가지를 골라야 해. 둥지는 편히 쉴 수 있는 곳이어야 하니까 가시가 있거나 거칠면 불편하겠지? 이렇게 네 종류의 가지를 계속 엮어서 만들어야 안전하고 편안한 둥지를 만들 수 있는 것이란다."

"아, 그래서 우리집이 이렇게 편하고 좋았구나."

방울이는 부드럽고 편안한 엄마의 품속으로 들어갔어요. 세상에서 가장 좋은 둥지는 바로 엄마의 포근한 품속이라고 생각하면서 말예요. 그리고 상상했어요. 곧 친구와 함께 엄마의 품처럼 튼튼하고 포근한 둥지를 만들기 위해 가지를 고르러 다니고, 그것들로 둥지를 짓는 자신의 모습을 말예요. 그러다 보니 어느새 어른이 된 듯한 느낌이 들었답니다.

며칠 후, 방울이는 엄마아빠에게 큰소리로 말했어요.

"엄마, 저 이제 여행을 떠날 준비가 됐어요."

하늘은 아주 푸르고 햇살은 아주 따뜻한 어느 봄날, 방울이는 엄마아빠와 함께 살던 둥지에서 큰 날갯짓으로 높이 혼자 날아올랐답니다.

3강

어머니,
당신은

멘토입니다

자녀와 함께 성장하는 어머니

자녀를 키운다고 말하지만 자녀를 양육하다 보면 자녀와 함께 자라야 함을 깨닫게 됩니다. 자녀를 가르친다고 말하지만 우리 역시 자녀와 함께 배우고 있음을 알게 됩니다.

기독교적 세계관이란 하나님이 지으신 세계 속에서 하나님의 말씀을 기준 삼고, 그분의 생각과 마음을 가슴에 품고 세상을 바라보는 것입니다. 이것은 나는 물론이고 가정, 사회 그리고 현재와 미래 시공간의 모든 영역이 그분의 주권 아래 통치되는 것을 뜻합니다.

하나님은 우리를 당신의 백성으로 조건 없이 선택하고, 값없이 구원하고, 거룩한 자녀의 모습으로 자랄 수 있도록 매일 새 힘을 부어 주시고 친밀한 교제 가운데 성장할 수 있는 특권을 주셨습니다. 이 언약과 은혜, 힘의 부여와 친밀감의 원리는 부부 관계에도 그대로 적용됩니다.

신약성경에서는 신랑 된 예수와 신부 된 교회로 우리와 하나님과의 관계를 설명하고 있습니다. 구약성경에서는 아버지 된 하나님과 자녀 된 이스라엘을 통해 그 관계를 배우도록 하고 있습니다.

우리는 가정에서 관계를 통해 하나님을 연습하고 하나님을 배워갑니다. 하나님과의 관계가 자랄수록 가정이 성장하고, 가정이 견고해질수록 하나님을 깊이 알아가게 됩니다. 이 은밀한 비밀의 크기는 우리의 상상을 초월합니다.

어머니가 이런 역동적인 성장을 하고 있어야 합니다. 어머니 스스로는 자녀의 성장에 초점이 맞추어져 있지만, 정작 하나님은 여러분의 성장을 지켜보고 계십니다. 성장하는 자녀를 품은 어머니는 자녀와 함께 성장해야 합니다. 함께하는 성장이야말로 진정한 성장입니다.

자녀에게 큰 그림을 그리게 하십시오.

부모가 보낸 청소년기에 비해 지금의 아이들은 환경도 좋고,

웬만한 필요는 다 부모가 채워주고 있습니다. 그래서 다른 데 신경 쓰지 않고 공부만 하면 될 텐데 그게 뭐 그리 어려운 일인지 부모 마음에 들지 않을 때가 많습니다.

그러나 자녀들은 신경쓸 일이 많습니다. 공부뿐 아니라 자신이 속한 사회에서 누구로 살 것인지, 어떤 모습으로 살 것인지 나름 생각도 많고 고민도 많습니다. 매일 친구들 때문에 즐겁기도 하고, 슬프기도 합니다. 학교 가고 싶은 것도 친구 때문이고, 학교 가기 싫은 것도 친구 때문일 때가 많습니다. 웃으면서 집에 올 때도 친구 때문이고, 울면서 집에 올 때도 친구 때문일 때가 많습니다.

우리 집 두 아이의 청소년 시절 공통적인 기도 제목이 있었습니다. 바로 '마음이 통하는 친구를 주세요'였습니다. 아이들은 친구들이 하는 말에 영향을 받고 그 무리에서 생존하고 싶어 합니다. 부모는 그런 자녀의 세계를 인정함과 동시에 한 걸음 더 나아가는 생각을 갖게 해야 합니다.

자녀들에게는 친구들의 고만고만한 소리와 모양보다 더 큰 그림을 그려주는 누군가가 필요합니다. 내일을 꿈꾸게 하고, 미래를 기대하게 하고, 자신이 할 수 있는 무언가를 상상하게 하는 누군가와의 만남이 절대적으로 필요합니다. 힘을 가하면서 평가하는 자가 아니라 용기를 주고 꿈꾸게 하고, 할 수 있을 것 같은 일들을 생각하게 하는 그런 만남이 필요합니다. 이 일은 사실 아이의 평생에 일어나야 하는 가장 큰 기도제목입니다. 어머니 또한 자녀에게 그런 영향을 주는 사람이 되어야 합니다.

몇 년 전 설문조사에서 15~19세의 청소년에게 가장 영향을 주는 사람이 누구냐는 질문에 59%가 어머니 혹은 아버지라고 답했고, 친구라고 답한 것은 9%, 선생님이라고 답한 것은 7%였습니다. 20~24세의 청년들에게도 비슷한 수치가 나왔습니다. 어머니는 자녀들의 성장 과정에 가장 영향을 주는 존재라는 것은 두 번 설명할 필요가 없는 사실입니다.

어머니는 자녀의 고향이요, 존재의 본체입니다. 아이는 어머니와 한몸이었다가 분리돼 새로운 생명으로 태어납니다. 그리고 상당 기간 의존된 존재로 지내다 서서히 독립하게 됩니다. 독립은 건강하게 일어나야 합니다. 구속적이거나 강압적이거나 지배적이지 않은, 온전한 성인으로 독립할 수 있도록 어머니가 그 역할을 해야 하는 것입니다. 자녀의 이 급속한 변화의 시기에 어머니 당신이 함께 성장함으로써 자녀의 독립 과정을 도와야 합니다.

어머니, 당신은 누구로 살 것입니까?

멘토라는 이름을 마음에 두는 어머니라면 자신의 발걸음을 가지런히 해야 합니다. 그 흔적을 보고 평가하는 자녀가 있기 때문입니다. 어머니 자신이 지금 지속적으로 꾸준하게 일정한 방향으로 성장하고 있는지 보아야 합니다. 속도는 중요하지 않습니다. 그러나 정체되어 있지 말아야 합니다.

《명심보감》에 보면 '삼종지도三從之道'라는 말이 있습니다. '여자는 태어나 부모의 뜻을 따르고, 결혼하면 남편의 뜻을 따르고, 남편이 죽으면 자식의 뜻을 따라야 한다'는 것입니다. 그러나 이 가르침은 자신의 생을 누군가에게 평생 의존하면서 살라는 가르침입니다. 여성의 인생을 스스로 작동할 수 없는 무동력선쯤으로 여기고 누군가의 주도하에 살아야 한다는 것입니다. 이것은 여성을 쓰기 좋은 기계 부품쯤으로 여기는 것입니다.

동서양을 막론하고 여성을 남성의 욕구를 충족시키는 기능적인 존재, 혹은 유리상자 안의 인형과 같은 장식적인 존재로 취급하던 시절이 있었습니다. 그러나 성경은 그렇게 말하지 않습니다. 그리스도로 인해 남자나 여자나, 종이나 자유자나 모두 위아래가 없이 존귀하다고 말합니다.

여성도 남성과 같이 자신의 소명을 좇아 살아야 합니다. 그 여성의 소명 안에는 어머니의 소명도 포함되어 있습니다. 그러나 어머니라는 이름으로 불리며 사는 동안 자기 존재를 잃어버리는 경우가 종종 있습니다. 자녀를 위해 지나치게 많은 에너지를 쏟다 보니 자신의 인생이 사라지는 것입니다.

모든 부모가 아이가 잘하면 기뻐하지만, 지나치게 자신의 인생을 쏟아붓는 어머니는 아이가 잘하면 자기가 잘한 것쯤으로 여깁니다. 아이가 잘못하면 자기가 잘못한 것쯤으로 여깁니다. 그래서 아이가 힘들어하면 나서서 해결하고, 아이가 필요한 것이 있다 싶으면 나서서 그 필요를 채워줍니다. 이러다 보니 자녀와 어머니가 서로 분리되지 않습니다.

어머니, 당신의 삶은 정체되어 있지 않습니까?

어머니, 당신의 삶은 일정한 방향으로 전진하고 있습니까?

어머니, 당신은 바람에 따라 움직이는 무동력선입니까? 아니면 목적을 갖고 스스로 움직이고 있습니까?

어머니, 당신은 자신의 삶을 준비하고 있고 그 삶을 성취하며 살고 있습니까?

혹시 어머니, 당신은 시도해 보지 않은 일을, 꿈꿔 보지 않은 일은 지금 자녀에게 요구하고 있지는 않습니까?

결혼 후 지금까지 자신의 꿈이나 비전, 이런 것을 다 잊고 있었다면 자녀의 안내자가 되어야 한다는 이야기들은 그저 허공에 외치는 메아리일 뿐입니다. 내가 해보지 않은 일을, 그래서 어떻게 해야 할지 잘 모르는 일을 단지 어른이라는 이유만으로 자녀에게 꿈을 가져라, 꿈을 키워라, 열심히 이루라고 하는 것이 과연 정당할까요?

나이나 시대를 탓하는 것은 그저 핑계일 뿐입니다. 어머니인 우리가 정체되어 있다면, 우리가 나아가는 방향 없이 물질을 소유하고 과시하는 삶을 살고 있다면 자녀가 어머니인 우리에게 좋은 영향을 받을 수 없습니다. 어머니인 나에게 가슴 뛰는 미래가 없는데 어떻게 자녀에게 가슴 뛰는 미래를 설명할 수 있을까요? 이제 곧 10대인 여러분의 자녀는 그 품을 떠날 것입니다. 어머니, 당신은 누구로 살 것입니까?

저의 30대는 '나는 누구로 살 것인가'에 대한 고민으로 도배
됐습니다. 아침에 눈 뜨고 일어나면 제일 먼저 떠오르는 생각이
'난 오늘 누구로 살아야지?'라고 해도 과언이 아니었습니다. 남
편과 함께하는 목회현장에서 나의 역할과 사역에 대해 고민하고
있던 그때 만난 사람이 바로 작가 박완서 선생님입니다. 물론 얼
굴을 마주한 것은 아닙니다. 그러나 그분의 글을 통해 저는 그분
과 인격적인 만남을 가졌습니다. 그분의 책들을 읽기 시작하면
서 소설이라기보다는 자기 고백과 같은 글에 매료되었습니다.

무엇보다 제게 가장 도전이 되었던 것은 그분이 나이 40에 등
단했다는 것입니다. 그것이 늦은 나이에 글쓰기에 도전해도 좋
겠다는 생각을 갖게 했습니다. 독자 없는 글쓰기였지만 그렇게
시작되었습니다. 인생이 80수라면 아직 반밖에 오지 않았으니
10년 준비해서 남은 시간을 하나님의 도구로 쓰임 받고 싶다고
생각하자 가슴이 설렜습니다. 그리고 10년이 훨씬 지난 지금, 저
는 여러 모양으로 글 쓰는 일을 더불어 하고 있습니다.

저의 이 모든 과정은 두 자녀에게 늘 완전 공개되어 있습니
다. 아이들은 나의 있는 모습 그대로를 볼 수 있도록 가까운 거
리에 있기 때문입니다. 그래서 내가 쓰는 글들이 과장이나 거짓

이 없는지, 내가 아이들에게 가르치는 대로 살고 있는지 늘 긴장하지 않을 수 없었습니다. 어쩌면 하나님이 함께하심을 인식하는 것보다 두 아이의 눈을 더 의식하며 산 시간들이 더 많은 듯합니다. 그래서 더 감사하고, 그래서 더 긴장합니다.

자녀는 부모의 뒷모습을 본다고 했습니다.

어머니가 어려움을 만날 때, 어떻게 극복하는지가 자녀의 재산이 됩니다. 어머니가 편안할 때, 어떻게 감사하며 사는지가 자녀의 유산이 됩니다. 어머니가 슬픔 가운데를 지날 때, 어떻게 이겨내고 극복하는지가 자녀의 힘이 됩니다.

어머니가 환경에 메이지 않고 자신의 정체성을 확인하며 하나님 앞에서 반응할 때, 자녀는 한 여성을 통해 어머니라는 이름을 넘어 부르심에 합한 제자의 삶으로 기억할 것입니다.

어머니, 당신의 삶의 방향은 어디로 향하고 있습니까? 그리스도를 믿는다고 하면서 오늘 나의 문제가 해결되는 일에만 초점이 맞추어져 있습니까? 만일 그렇다면, 믿음은 나의 문제를 해결하는 램프로 사용하고 자녀에게도 그런 신앙 방식을 교육시켰다면 지금 당장 멈추고 바꾸어야 합니다. 우리 삶의 방향은 그리스도 안에서 충만하게 자라가는 것입니다. '자녀'가 아니라 '우리'가 말입니다.

우리에게 필요한 것은 자녀를 잘 가르치는 기술이나 말이 아니라, 우리 삶을 사는 것입니다. 말로 자녀를 변화시키려 하지 말고 자신의 삶을 살아가야 합니다. 이제 말에 힘을 빼고 삶으로 보여줘야 합니다.

자녀에게 많은 기억을 남겨 주라

소유한 것이 많은 사람을 부자라고 합니다. 흔히 말하는 부자는 물질의 소유 정도입니다. 그러나 있다가 사라지는 물질보다 사라지지 않는 지식을 소유하는 것이 더 값지다고 말합니다. 그런데 가장 값진 소유는 기억입니다. 이 기억은 그 사람을 구성하는 가장 중요한 정신적 자산이기 때문입니다.

건강한 기억을 많이 소유한 사람은 쉽게 흔들리지 않습니다. 지식이나 재물은 노력해서 얻을 수 있지만 기억은 노력해서 얻을 수 있는 것이 아닙니다. 지금 어머니와 함께하는 시간이 어머니에게도 기억으로 남겠지만 자녀에게도 축적됩니다. 그 기억은 자녀의 전 생애에 걸쳐 지속적이고 긍정적인 힘이 되기도 할 것이고, 어떤 경우에는 상처와 단절, 아픔과 한계가 되기도 할 것입니다. 어떤 기억을 자녀에게 주고 싶으십니까? 그 기억을 위해 어머니는 성인이 된 자녀에게 든든한 자산이 되는 일상을 보내야 합니다.

20년 혹은 30년 후 장성한 자녀가 어머니를 기억할 때 어떤 어머니로 기억되고 싶으십니까?

"엄마는 늘 힘들어하셨어."
"엄마는 늘 짜증내셨어."
"엄마는 늘 피곤해하셨어."
"엄마는 늘 화를 내셨어."

설마 이런 말을 듣고 싶지는 않겠죠? 그럼 이런 말을 듣는다면 어떨까요?

"엄마는 늘 행복해하셨어."
"엄마는 날 자랑스러워하셨어."
"엄마는 내 말을 잘 들어 주셨어."
"엄마는 늘 사랑스럽게 쳐다보셨어.'

자녀에게 어떤 모습으로 기억되길 원하십니까? 매일 그 모습으로 자녀의 아침을 깨우고, 자녀의 잠자리를 마무리해 주십시오. 매일 그 메시지를 담아 학교 가는 자녀를 배웅하고, 돌아오는 자녀를 맞으십시오. 매일 기억날 때마다, 시도 때도 없이 그 모습을 보여 주십시오. 이것이 바로 가장 큰 자산인 기억을 축적하는 비결입니다.

부모는 자녀의 멘토다

멘토라는 단어가 많이 사용되고 있습니다. 학원에서도, 직장에서도, 전문가 집단에서도 멘토링이라는 말을 흔히 사용합니다.

멘토는 고대 그리스의 시인 호메로스가 쓴 서사시《오디세이 Odyssey》에 나오는 오디세우스의 친구 이름에서 유래합니다. 오디세우스가 트로이 전쟁에 출정하면서 아들 텔레마커스를 그의 친구이자 조언자인 멘토에게 맡기고 떠납니다. 오디세우스가 전쟁에서 돌아오기까지 멘토는 텔레마커스의 친구요, 선생이요, 상담자요, 때로는 아버지가 되었습니다.

이후 멘토라는 그의 이름은 지혜와 신뢰로 한 사람의 인생을 이끌고 조언하는 스승의 동의어로 사용되었습니다. 즉 멘토는 현명하고 신뢰할 수 있는 상담자, 스승, 지도자 등의 의미를 갖고 있습니다.

텔레마커스와 멘토와의 관계에서 우리는 그 관계와 역할을 배울 수 있습니다. 아버지가 없는 동안 그는 아버지의 역할로 울타리가 되고 보호자가 되었던 것입니다. 그러나 아버지가 아니므로 조언은 해도 강요는 하지 않았을 것입니다. 안내는 해도 결정을 하지는 않았을 것입니다. 멘토는 문제가 있을 때 지혜롭게 선택하도록 조언은 하지만, 결정하고 책임지는 일은 텔레마커스의 몫이었을 것입니다.

멘토는 권위자의 위치에 있지 않습니다. 멘티는 멘토에게 문제 개입권이나 문제 해결권, 결정권을 주지 않습니다. 다만 그 과정에서 지혜를 배우고 지식과 경험을 토대로 조언을 받는 '자발적 열린 관계'를 형성합니다. 멘토와 멘티는 서로를 객관적으로 볼 수 있는 거리를 확보하고 있습니다. 그래야 서로 존중하고 배려할 수 있기 때문입니다. 때로는 멘티의 중요한 결정을 멘토에게 위임하고 그 뜻을 따를 수도 있을 것입니다. 그러나 이때는 서로 상당한 신뢰가 바탕이 된 상태여야 합니다.

청소년 자녀에게는 부모 이외에도 영향을 주는 관계들이 점점 늘어납니다. 엄격히 말하면 부모는 멘토는 아닙니다. 그러나 자라는 자녀 앞에서 부모 역시 멘토와 같은 위치, 역할, 관계를 설정하고 부모와 자녀가 서로 분리되는 과정이 필요합니다. 그래야 부모는 자녀의 삶을 좀 더 객관적이고 총체적으로 볼 수 있게 되고, 자녀는 스스로 설 수 있는 힘이 생기게 됩니다. 그리고 서로 존중하고 함부로 대하지 않게 됩니다.

성경적으로 봐도 부모는 하나님께서 당신의 자녀를 이 땅에서 잠시 돌보는 멘토로 곁에 둔 것으로 볼 수 있습니다. 그러니 부모의 의도대로 키우는 것이 아니라, 맡기신 '원 아버지의 뜻'에 따라 키워야 합니다. 하나님 아버지는 당신의 자녀에게 그 자리에 가장 적합한 자로 어머니, 당신을 세우셨습니다.

나의 자녀, 멘티를 파악하라

모든 어머니라면 똑같은 공통된 소원 한 가지를 갖고 있습니다. 바로 자녀를 잘 양육하고 싶다는 마음입니다. 청소년 자녀를 둔 어머니들은 그래서 지난 십수 년을 주어진 환경과 조건에서 최선이라고 생각하는 것들을 선택하며 자녀를 양육했습니다. 돌아보면 실수도 많았고, 모르고 한 잘못된 가르침도 있었지만 잘 양육하고 싶은 마음을 내려놓은 적은 없었을 것입니다. 잘 가르치려고 보냈는데 싫어하고, 잘 맞을 것 같아 선택했는데 금방 싫증내고, 아이가 좋아해서 가르쳤는데 재미없어 포기한 경험을 다 갖고 있습니다. 자녀를 양육한다는 것이 마음 같지 않다는 생각에 아이가 생각하던 길과 다른 길로 내딛을 때마다 과연 내가 잘하고 있나 돌아보지 않을 수 없습니다.

'양육한다'의 사전적 풀이는 '보살펴 자라게 한다'는 것입니다. 아이를 낳으면 매일 의식주를 책임지고 건강하게 보살피는 것은 기본이고, 부모의 역할이 미래를 준비시키는 일이라 생각해 한글도 일찍 가르치고, 피아노도 시키고, 영어도 일찍 가르치려 애씁니다. 대단한 계획을 세운 것은 아니더라도 남들만큼 시키고 싶은 마음에 이것저것 가르친 것입니다. 그렇게 해야 우리 아이가 내일을 먼저 준비하고, 만족하고, 행복할 거라고 생각했기 때문입니다.

그러나 이 생각은 조금만 맞습니다. 내일을 준비해야 하지만 목적과 방향이 없다면 남들이 좋다고 하는 생각, 남들이 중요하다고 하는 조건, 남들이 옳다고 하는 일을 좇는 것밖에 되지 않습니다. 그러면 한참을 가서야 결국 길을 잃고 시간을 돌이킬 수 없게 될 수도 있습니다.

어머니들은 남들보다 더 많이, 더 빨리 가르쳐야 준비되고 성장할 것이라고 생각합니다. 그러나 성장을 일으키는 1차적인 힘은 외부에서 오지 않습니다.

모든 생명은 자발적으로 성장 의지를 갖고 있습니다. 갓 태어난 신생아에게 젖을 빼는 방법을 가르쳤습니까? 말을 하도록 성대를 움직이는 방법을 알려주었나요? 걸음을 떼도록 다리의 근육과 뼈의 놀림을 지도했습니까? 아기가 스스로 했습니다. 스스로 배우려고 했고 성장하려고 했습니다.

교육은 1차적으로 가르쳐 이루어지는 것이 아니라 스스로 성장하려는 의지가 있음을 발견하는 것입니다. 아이는 먼저 말하고 싶어 하고, 일어나 걸으려 하고, 움직여 놀려고 합니다. 스스로 하려고 합니다. 교육을 한다는 것은 이런 성장 의지가 있는 생명을 만나는 일입니다. 그 생명이 어떤 생각과 모습으로 자라고 있는지를 함께 보는 것입니다. 성장할 기회를 주는 것입니다. 부모가 나서서 막지 않는 것입니다.

어머니는 보이지 않는 성장을 보아야 합니다. 자녀의 성장을 부모들은 쉽게 측정합니다. 키가 크는 것, 몸무게가 느는 것, 점수를 잘 받아 오는 것, 등수를 올리는 것, 그리고 남들이 뭐라고 하는 것까지 측정된 것으로 나의 자녀의 성장 정도를 확인하려고 합니다. 눈에 보이는 수치는 또래 집단에서 어느 정도 성장하고 있는지를 말해줄 수 있겠지만, 한 생명의 전체 성장 중 어떤 과정에 있는지를 측정하지는 못합니다.

식물이 뿌리를 내릴 때 눈에 보이지 않듯, 아이들도 눈에 보이지 않는 영역의 성장을 합니다. 이 시기에 자아가 형성됩니다.

이 과정은 모든 사람들에게 보이지 않지만 가장 가까이에서 함께하는 사람, 어머니의 눈에는 보입니다. 아이가 어떤 성장의 시간들을 보내는지 지켜보아야 합니다. 뿌리의 성장이 나무 전체의 크기를 결정한다고 말할 수 있는 것처럼 자녀의 내면을 구성하는 자아 형성이 전 생애에 영향을 주기 때문입니다.

자녀의 자아 형성을 돕는 어머니가 되어야 합니다.

자녀 양육은 '무엇을 가르치느냐'에 있지 않습니다. 눈에 보이지 않는 자아 형성 과정을 함께하여야 합니다. 7세 이전에 이미 많은 자아가 형성된다고 하지만 청소년기의 자녀들도 지속적으로 성장하고 기억을 저장합니다. 이 시기에 나쁜 경험이 반복적으로 기억될 수도 있겠지만, 오히려 나쁜 경험을 긍정적인 기억으로 회복시킬 수 있는 시간을 보낼 수도 있습니다.

특히 청소년 자녀를 둔 어머니는 나의 자녀가 어떤 자아를 형성하고 있는지 유심히 살펴보아야 합니다. 지금 자녀에게 보이는 모습은 어제가 누적되어 보이는 모습이기 때문입니다. 그러므로 오늘 우리 자녀가 왜 그런 생각을 하는지, 어디서 그 생각이 왔는지, 어떻게 생각하게 되었는지, 언제 그런 자아가 형성되었는지 지나온 성장 과정을 돌아보며 자녀를 보고 어머니 자신을 되돌아보아야 합니다. 그래야 비로소 자녀의 성장을 잘 도울 수 있습니다.

자아 형성 과정을 돌아보라

아이는 태어나면서 자아를 형성하게 됩니다. 자아상은 '자기가 자신을 누구라고 생각하는가' 입니다. 그런데 이 자신에 대한 개념은 다른 사람들, 특히 가까운 사람들이 자신을 '누구라고 불러 주는가'에 따라 그 그림이 생깁니다. 이것은 단지 언어나 호칭의 문제를 말하는 것이 아닙니다. 자신을 어떤 존재라고 말해주는가를 의미합니다.

예를 들어, '이런 쓸모없는 자식'이라고 한다거나, '널 임신했을 때 몇 번이나 지우려고 했어'라는 소리를 자주 듣고 자란다면 아이는 자신의 깊은 곳에 '나는 불필요한 존재야'라는 생각을 갖고 자랄 수밖에 없습니다. 여기에 무시, 학대, 무반응 등의 거절 감이 반복되고 그런 경험들이 지속되면 자존감이 낮은 사람으로 성장하게 됩니다.

　반대로 편안하고 따뜻한 사랑의 언어들을 들으면서 자란 아이는 자존감이 높고, 건강한 자아상을 갖게 될 것입니다. 이렇게 자아를 반영하는 대상은 어머니가 가장 1차적인 대상이고 아버지, 가족 그리고 성장하면서 만나는 친구, 선생님 등의 관계들로 이어집니다.

태어나서부터 만 1세까지, 신뢰성이 키워지는 시기

　갓 태어난 아기는 웁니다. 낯선 환경, 분리된 불안, 모든 달라진 변화를 울음으로 반응합니다. 이때 자신에게 반응하고 돌봐주는 대상을 통해 아기의 자아감이 형성합니다. 불안해 우는 아기를 안아 주고, 배고파 우는 아기에게 젖을 물리고, 불편하고 불쾌해서 우는 아기에게 기저귀를 갈아주고 몸을 씻겨 줄 때 아이는 안정감과 만족감을 느낍니다. 자신이 사랑을 받고 가치 있는 존재라고 생각합니다.

　아기는 매일 수십 번의 피부 접촉과 수백 번의 오감을 자극받습니다. 아기는 자신의 욕구에 만족할 때마다 긍정적 자아감을 쌓아가고 엄마의 몸과 분리되어 만난 첫 환경의 사람들을 통해 자신을 받아주는 곳이 안전하고 믿을 만하다고 생각하며 자랍니다.

그러나 반대로 필요와 불안이 해결되지 않고 만족스럽지 못하다면 아기에게는 부정적 자아가 싹트게 됩니다. 울어도 달려와 주지 않고 자기를 만지는 손이 거칠다면 세상은 자신을 받아주지 않는 곳, 믿을 수 없는 곳이라고 생각하게 됩니다. 불신을 경험하게 되는 것이죠.

이 시기의 아기는 깨어 있는 시간보다 자고 있는 시간이 더 많습니다. 그렇다고 아무 것도 하지 않는 것이 아닙니다. 모든 기관이 자기 성장에 집중하고 있는 시기입니다. 생후 첫 1년간 몸이 두 배로 성장합니다. 이처럼 자기 자신만을 위해 모든 에너지를 쓰는 아기에게는 대상의 형편을 이해하거나 고려할 여유가 없습니다. 아기는 눈치를 보거나 상황을 고려하지 않고 필요하면 웁니다. 그런 아기의 욕구는 인간의 가장 기본적인 욕구입니다. 인정받고 싶고 자기를 알아주길 원하는 마음은 그 이후로도 계속 나타나며 그 욕구가 채워지기를 기대합니다.

사람과 사람 간에 신뢰를 형성하고 소통하는 능력은 가장 기본적인 능력이지만 모두에게 잘 갖추어진 능력이 아닙니다. 부모로부터 신뢰를 형성하는 첫 시기를 토대로 아이는 관계할 준비를 하고 소통을 연습하는 것입니다.

12~36개월까지, 자율성이 키워지는 시기

생후 첫 1년을 잘 성장한 아이는 돌이 지나면서 눈에 보이는 활동이 늘어납니다. 아이는 모든 에너지를 자기중심적으로 사용하고 무엇이든 반복적으로 시도합니다. 잡으려고 하고, 움직이려고 하고, 기어가려고 하고, 일어서려고 하고, 혼자 먹으려고 합니다. 말하려고 합니다. 자신의 감정과 원하는 것을 표현하려고 합니다. 말 그대로 자율적, 즉 스스로 하려고 합니다. 이때 아이의 마음을 알아주고 자율적 시도를 격려하는 긍정적 반응을 보이는 것이 중요합니다. 그럴 때 아이의 자율성이 자라게 됩니다.

그러나 시도하는 것은 단번에 되는 일이 없습니다. 안타깝게도 늘 실패를 동반합니다. 첫 걸음에 넘어지지 않는 아기는 없습니다. 일어나서 발자국을 뗄 때마다 넘어지지만 다시 일어나 걸어보려고 합니다. 그리고 한 발짝, 두 발짝씩 발걸음을 떼고 어느 순간 혼자 저만큼 걸어갑니다.

이렇듯 대부분의 시도들은 매번 실패하지만 아이는 주저하지 않고 다시 시도합니다. 그러므로 실패할 때 다시 하고 싶게 응원하고, 다시 기회가 있음을 알려줘야 합니다. "잘했어.", "괜찮아", "다음엔 더 잘할 거야." 라는 말과 긍정적인 표현을 할 때 건강한 자아가 형성됩니다.

이와 반대로 부정적인 반응은 아이가 실패할 기회를 빼앗는 것입니다. 시도할 마음을 품지 못하게 하는 것입니다. 반복적으로 실패를 경험한 아이에게 "하지 마.", "왜 그랬어?", "그럴 줄 알았어." 등의 반응은 아이에게 수치감을 느끼게 합니다.

아이가 하지 말라는 일을 반복해서 하는 것은 엄마를 골탕 먹이기 위해서가 아닙니다. 엄마가 어디까지 참을성이 있는지를 시험하려고 하는 일은 더더욱 아닙니다. 아이의 내재된 성장 의지입니다. 아직 잘 해내지 못하는 자신이 부끄럽다고 생각하지 않고 누구의 눈치도 보지 않고 시도하고 또 시도합니다. 이런 아이에게 부정적 반응을 보이면 아이의 마음에는 수치심이 심어지고 그것이 반복될수록 수치심은 더 깊이 자랍니다.

3~6세까지, 주도성이 키워지는 시기

신뢰감이 잘 형성되고 자율성이 잘 발달된 아이는 이 시기에 들어서면서 움직임이 더욱 많아지고 언어 소통을 자유롭게 합니다. 지금껏 내면에 쌓인 모든 자극과 경험을 마구 쏟아냅니다. 이야기는 자기중심적으로 재편집되고 놀이 활동은 자기 위주로 재구성됩니다. 자신이 주도하는 자기 세계를 만들어갑니다. 아이가 이렇듯 창의적이고 주도적인 활동을 보일 때 부모와 주변 사람들은 절대적으로 긍정적 반응을 보여야 합니다.

주도성을 발휘하는 아이는 때로는 스스로 꾸며낸 이야기가

진짜라고 우기기도 합니다. 상상과 현실을 넘나드는 이야기를 듣다 보면 대체 어디서 멈추게 해야 할지, 어떻게 반응해야 할지 잘 판단이 서지 않을 때가 있습니다. 그러나 이때 "거짓말하지 마."라고 일축한다거나 "그건 나쁜 생각이야."라고 말을 막아 버리면 아이는 상상을 멈추게 됩니다. 말도 안 되는 이야기에 재미있게 반응하고, 왜 그런지 물어보고, 그 말도 안 되는 이야기에 좋은 생각을 덧붙여 아이의 상상에 동참한다면 아이는 생각하고 표현하는 데 주저하지 않을 것입니다.

놀이 영역에서도 아이의 주도성은 자주 발휘됩니다. 공주놀이를 하면 아이는 공주가 되고 엄마는 하녀를 시킵니다. 아이는 정의의 로봇을 하고 아빠는 악당을 시킵니다. 그런데 하루에도 몇 번씩 역할을 주며 자신이 주도하는 놀이 세계에 동참해 달라는 아이 요구를 다 들어주기란 참으로 힘든 일입니다. 이럴 때 짜증을 내기보다 놀이를 조절할 수 있도록 먼저 이야기를 하고, 역할 놀이 후 다른 활동으로 전환하도록 하는 지혜가 필요합니다.

시간을 정해 놓고 놀이를 한다거나, 한 번만 더하고 놀이를 정리하자고 미리 약속하고 시작합니다. "이 놀이가 끝나면 산책하자."라고 한다거나 "다음에는 청소로봇 놀이를 하자."라고 하는 등 다른 곳에 관심을 갖도록 제안을 합니다. 여기에 주도성을 발휘하도록 하려면 두세 가지 놀이를 이야기하고 선택하게 하는 것이 좋습니다. 그럼 아이는 주도적으로 다음 놀이에 대한 기대감을 갖게 되므로 전환이 쉬워집니다.

이 시기의 아이들은 또래 친구와의 놀이를 즐깁니다. 함께할 때 더 다양하고 재미있다는 것을 배웁니다. 그래서 아무리 티격태격하다가도 친구와 헤어질 때는 아쉬워하고 더 놀고 싶어 합니다.

그런데 이 시기의 아이들은 늘 충돌하게 마련입니다. 두 아이 모두 다 주도적으로 자신의 놀이에 친구를 끌어들이고 싶어 하기 때문입니다. 자신의 놀이에 자신이 주인공이 되고 싶어 하는 것입니다. 두 아이가 잘 타협이 이루어진다면 아이들은 함께 노는 법을 스스로 배우겠지만 그렇지 않고 서로 우기는 경우도 자주 있습니다. 이럴 때는 두 아이가 모두 만족할 수 있도록 어머니의 적당한 개입이 필요합니다.

7~12세까지, 근면성실성이 키워지는 시기

이 연령의 자녀에게는 '나'에서 '가족'이라는 개념을 갖게 되고 연대 의식이 생깁니다. 학교에서의 배움은 지적 성장을 자극하고 성취감을 갖게 해줍니다. 그러나 서로 경쟁하고 비교하는 분위기라면 대부분의 아이들은 배움의 만족보다 기대에 부응해야 한다는 위축된 마음을 가질 수 있습니다. 자발적이고 주도적으로 학습하려는 아이를 지속적으로 성실하게 하려면 상대 평가의 잣대는 방해가 됩니다. 배움은 그 자체로 즐거운 일입니다. 그런데 배움이 나를 위한 것이 아니라 누군가를 만족시켜야 할 때 배움은 그 즐거움을 앗아갑니다.

목표한 만큼씩 학습하고 그로 인해 만족한 경험을 반복하게 해 주십시오. 배움이 즐거움이 되게 해 주십시오. 아이의 근면성과 성실성이 자랄 것입니다. 격려하고 싶은 마음에 더 높은 기준을 제시하거나, 덤벙거린다고 지적하게 되면 아이는 만족 대신 열등감을 갖게 될 것입니다. 시험이나 등수는 아이들을 더 잘할 수 있도록 자극을 줄 것 같지만, 그 제도 안에는 '다른 아이들보다 더 높이 올라가라'는 성경적 세계관에 반하는 의미가 담겨 있습니다.

특히 초등학교 저학년 때에는 성적이 아이들을 등급화하는 기준이 되어서는 안 됩니다. 학습 평가는 지금 학습이 잘 일어나고 있는지, 다음 단계로의 학습이 가능한지를 점검하는 도구가 되어야 합니다. 그러기 위해서 부모는 아이가 새로운 것을 공부할 때마다 격려하고, 미처 잘 배우지 못한 것에 대해 다시 반복할 기회를 주어야 합니다. 학교에서 전달하는 평가는 참고만 하고 아이를 학교의 줄서기에 집어넣지 말아야 합니다.

아이의 성장발달이 다른 것처럼 학습 속도도 다릅니다. 관심

정도도 다릅니다. 그 다름을 볼 수 있는 어머니라면 아이에게 충분한 시간과 기회를 주고, 지속적인 격려를 통해 근면성이 누적되도록 해야 합니다.

지나치게 엄격하거나 기준이 높은 부모에게 길들여진 아이는 겉으로는 공부를 잘하고 순종적인 아이로 크는 것처럼 보일 수 있습니다. 이런 경우, 공부가 부모를 만족시키기 위해 하는 것인지 살펴볼 필요가 있습니다. 부모의 기대에 맞추어 공부하고, 부모가 정해준 전공을 선택하고, 부모가 결정한 학교에 가게 될 때 자녀는 스스로 선택하고 성취하는 과정을 경험하지 못하게 됩니다. 선택한 것을 성취하고 그 결과를 책임지는 것, 이것이 독립된 성인의 모습입니다.

늘 부모의 기준과 선택을 따르는 자녀는 자신의 일을 책임지지 않게 되고, 위기가 와도 씨름하며 극복하기보다 도피하거나 방치할 수 있습니다. 부모의 만족을 위해 자녀를 길들이기보다 자율성과 주도성을 갖고 자랄 수 있도록 격려하십시오.

신뢰성, 자율성, 주도성, 근면성 회복 프로젝트

자아 형성 과정에서 '우리 아이는 네 가지 영역 모두 건강하게 잘 자랐다'라고 만족하는 어머니가 계십니까? 아마도 정도의 차이는 있지만 만족하기보다는 아이의 부족한 모습이 보이고, 어머니로서 잘 해주지 못한 기억으로 마음이 더 무거울 것입니다. 그러나 교육은 단번에 이루어지는 것이 아니기에 바르게 할 수 있는 기회는 얼마든지 있습니다. 우리 모두에게는 잘못된 것을 회복할 시간이 있고, 부족한 것을 강화시킬 시간이 있습니다.

신뢰성 높이기

영아 시절 엄마와 분리불안을 경험한 아이들 중에는 초등학교 시절에 더러 이상행동을 하는 경우도 있습니다. 버려질 것이라는 불안이나 혼자가 될 것이라는 두려움을 갖고 자라는 아이도 있습니다. 이런 마음은 관계장애, 발달장애를 불러올 수도 있습니다. 불안한 마음을 잊기 위해, 텅 빈 마음을 채우기 위해 대체물을 찾는 경우도 있습니다. 그 대체물에 몰입하게 되면 중독이 됩니다.

청소년 자녀에게도 부모를 통해 충족되고 채워져야 하는 필요와 기대가 있습니다. 자녀가 필요로 하는 그곳에, 기대하는 그 반응으로 부모가 있어 주는 것입니다. 이것은 절대 시간을 함께 해야 한다는 것이 아닙니다. 작은 사건이나 환경에서부터 마음을 함께하고 믿음을 주는 것입니다. "나를 믿게 해라."가 아니라 "난 널 믿어." "난 널 사랑해." "넌 소중한 존재야." 라는 메시지를 수시로 전달하는 것입니다. 다른 외적인 성장을 재촉하기보다 존재 자체를 기뻐하고 격려하는 시간을 충분히 가질 때 아이의 내면이 채워집니다. 그러다 어느 날 더 이상 채워달라고 요구하지 않는 때가 오게 됩니다. 버려질 것이라는 불안이나 혼자가 될 것이라는 두려움이 더 이상 아이를 지배하지 않는 순간이 오게 되는 것입니다.

자율성 높이기

자율적으로 자기 일을 알아서 하는 청소년 자녀가 몇이나 될까요? 청소년을 둔 어머니들의 가장 큰 씨름 중 하나는 아침에 자녀를 깨우는 일일 것입니다. 제발 알아서 제시간에 일어나 주면 좋겠는데, 어쩜 그리 못 일어나는지 아침부터 엄마의 마음을 뒤흔들어 놓죠. 자기 방 정도는 정리했으면 좋겠는데 스스로 치우는 일이 드뭅니다.

이런 경우, 그동안 규칙적인 생활이나 자율적인 생활방식을 제대로 익혔는지 점검해야 합니다. 예를 들어, 숙제와 시험의 스트레스가 적은 날을 잡습니다. 학기 시작하기 전도 좋습니다. 자녀에게도 아침에 늦잠 자는 것, 실패의 경험들은 힘듭니다. 자신도 바꾸고 싶어 할 것입니다. 그런 아이의 마음을 알아주면서 자신의 계획이나 실천 방법을 이야기하도록 합니다.

무조건 "알아서 할게."라고 말하는 자녀에게 어떻게 도와주면 좋겠는지 물어보아야 합니다. 계획을 세울 때는 "네가 안 일어나잖아." "그 방법은 소용없어." 등의 핀잔이나 단언보다 아이가 할 수 있는 계획을 세우게 하고 도와주려는 위치에 있음을 전달하십시오.

계획한 것을 수행하는 과정에서 격려를 잊지 마십시오. 쉬운 계획이었어도 계획대로 이행했다면 격려와 인정이 필요한 것입니다. 응원으로 작은 결심도 소중하게 이행하도록 도와주십시오.

"네가 세운 계획을 잘 지켰구나, 내일도 잘할 수 있을 거야."

그러나 대부분의 아이들은 하루이틀 잘하다 사흘쯤 되면 잘하지 않습니다. 이럴 때는 어떻게 하면 좋을까요?

"내 그럴 줄 알았어. 어째 알아서 잘 일어난다 했더니 사흘을 못 넘기네. 네가 하는 일이 맨날 그 모양이지."

이렇게 말한다면 아이에게 어떤 마음이 들까요?

"습관을 고친다는 게 힘들지? 엄마도 안 될 때가 많단다. 그래도 내일 다시 한 번 해보자. 넌 잘할 수 있을 거야."

좌절된 마음을 감싸주고 다시 용기를 낼 수 있는 말을 해야 합니다. 어머니의 말로 준비해서 전달할 때 자녀에게 어머니는 실패와 좌절할 때마다 든든한 응원자로 자리잡게 될 것입니다. 이 모든 시도와 재시도의 과정을 자율적으로 하도록 도와주십시오.

주말이면 아이들은 갑자기 계획이 생깁니다. 친구를 만나기로 했다거나 영화를 보러 간다거나 생일 선물을 사야 한다며 밖으로 나가려고 합니다. 어머니들은 대부분 갑자기 아이가 일정을 잡으면 불편합니다. 그리고 바로 아이의 계획을 무산시키려는 말을 찾아냅니다. 해야 할 공부가 있다거나 엄마가 바빠서 데려다 줄 수 없다거나 미리 허락한 일이 아니라서 안 된다는 등의 나름의 이유를 찾습니다. 그럼 아이는 무조건 안 된다는 엄마와 기싸움을 하게 됩니다.

자신의 시간을 자율적으로 계획하고 만족스런 경험이 쌓이도록 자녀와 대화해야 합니다. 자신의 할 일과 계획에 대해 듣고 갑자기 생긴 약속의 경중을 스스로 측정하게 하고 외출 여부와 시간을 정하게 합니다. 외출을 허락했다고 돌아올 때까지 맘대로 하라기보다 필요한 만큼의 외출이 되도록 하는 것입니다.

어머니는 대화 가운데 아이를 몰아가거나 조정하려 하지 말아야 합니다. 대화의 목적은 외출을 못하게 하는 것이나 어머니 말에 순종하게 하는 것에 있지 않고 '자율적 시간 관리'에 두어야 합니다.

외출하고 돌아온 후에는 편안하게 스스로 평가하도록 대화하면 더 좋습니다. 만족스러웠다면 어떤 점들이 좋았는지, 아닌 것은 왜 아닌지를 들어 주십시오. 스스로 평가할 수 있도록 도와주십시오. 어머니도 하고 싶은 말을 자연스럽게 한다면 스스로 생각하고 실행하고 평가하는 일을 두려워하지 않게 될 것입니다. 그리고 어머니를 자신이 자율적으로 생각하고 실행하는 데 든든한 응원자로 여길 것입니다.

시도는 늘 실패와 실수를 동반합니다. 청소년 자녀도 마찬가지입니다. 같은 실패를 수십 번 반복하지는 않지만 의도한 대로 안 되기도 하고 시도한 것이 며칠 못 가기도 합니다. 그럴 때 비웃거나, 야단치거나, 대신해 주거나, 못하게 하지 마십시오. 가족의 웃음거리가 되게 하는 일은 더욱 더 없어야 합니다. 자율적으로 시도하려는 자녀의 마음을 알아주어야 합니다. 그리고 그 마음을 늘 격려해 주십시오. 그래서 언제든지 또 해보고 싶게 해야 합니다.

주도성 높이기

주도력이 약한 아이는 이미 10대에는 자신의 주도권을 누군가에게 넘긴 상태입니다. 여러 사람이 함께할 때는 주도력이 약해 묵묵히 따르는 아이가 좋은 결과를 가져다 줄 수 있지만, 대신 주도권을 행사하는 사람과 대면해야만 합니다.

모든 일을 부모가 결정하고 따라온 아이의 주도권은 부모에게 있습니다. 10대 때까지 부모의 결정대로 따라서 사는 것에 익숙한 아이가 청년이 되었다고 선택과 결정을 쉽게 할 수는 없습니다. 선택하고 결정할 때마다 아마도 아이는 '엄마가 뭐라 하실까' '아빠가 어떻게 생각하실까' 생각하다 결국 '부모님이 원하는 것은 무엇일까' 생각하고 결정할 것입니다.

누군가 내 문제를 해결해주고, 누군가 지시하는 대로 살면 편할 것 같지만 그것은 나를 작은 상자 안에 담아 다른 사람 손에 쥐어주고 알아서 해주세요, 하는 것과 같습니다. 우리 모두는 각각의 인생이 있고, 그 인생에는 각각의 의미가 부여되어 있습니다. 그러므로 자신의 인생을 살아가기 위해서는 자신의 삶을 주도하는 능력을 하나하나 익혀야 합니다. 자신을 알아가야 합니다. 그것은 부모도, 배우자도, 그 누구도 대신할 수 있는 것이 아닙니다.

원하는 대학을 가고, 원하는 결혼을 했다고 해서 자기 삶을 만족스러워하는 것은 아닙니다. 그동안 청년들을 상담하면서 주도성이 결여돼 현재 자신의 삶에 만족하지 못하고, 의미를 찾지 못하는 경우를 많이 봤습니다. 30대에 이르러 이미 가정을 책임지는 가장이 되었으면서도 주도성이 없는 삶에 힘들어하는 경우도 봤습니다. 갱년기에 접어들어 그동안 한 번도 주도적인 삶을 살아오지 못한 어머니들이 외로움과 공허함을 주체하지 못해 우울증을 앓는 경우도 봤습니다.

주도성은 큰일을 하는 큰 일꾼이 되는 능력을 키우는 일이 아닙니다. 자신의 삶을 자신이 구성하고 주도하는 것입니다. 지금 우리의 자녀에겐 그 일을 연습하기에 아직 시간이 있습니다.

자녀가 주도성을 높일 수 있도록 지금부터 시도하십시오. 작은 일부터 주도성이 발휘될 수 있도록 기회를 주십시오. 그리고 성취한 것에 만족을 누리고 함께 격려해 주십시오. 주도적으로 할 수 있는 영역을 넓혀 간다면 아이는 자기가 주도하는 일을 불안하게 생각하지 않고 결과를 감당하는 법을 배울 것입니다.

가정에서 가사 노동을 한 가지 분담하는 일을 시작하게 한다면 단순하고 주기적으로 해야 하는 일을 몇 가지 나열합니다. 예를 들면 화장실 청소 주 1회, 분리수거 주 1회, 현관 정리 주 2회, 애완견 목욕 주 1회 등을 얘기하고 이 중 하나를 선택하게 합니다. 고등학생 자녀라면 그리 어려운 것은 아닙니다. 그리고 그 미션을 위해 어떻게 계획을 세우고 실행하는지 지켜보고 도와주면 됩니다.

자녀가 그 일을 잘하는지 점검하는 것이 아니라 주도성을 높이기 위한 것이므로 자발적으로 할 수 있는 분위기를 만들어 주어야 합니다. 그리고 그 일을 할 때마다 만족감을 얻을 수 있도록 격려해 줘야 합니다. 이왕이면 몇 번 하다 그만 둘 수 있는 것이 아닌 꾸준히 할 수 있는 일을 정하는 것이 좋습니다. 그리고 가족이 같은 시간에 다 같이 다른 미션을 한다면 더 잘할 수 있게 될 것입니다.

용돈에 대해서도 주도성을 높일 수 있습니다. 자녀에게 스스로 용돈의 금액을 정하게 하는 것입니다. 그 금액의 사용 계획을 듣고 주도적으로 잘 사용하면 용돈을 조금 더 증가해 저축을 하게 하고 통장 관리까지 하게 한다면 경제 개념도 갖게 할 수 있

습니다. 물론 통장은 성인이 될 때까지 부모의 감독 하에 자신이
전적으로 관리해야 합니다. 그외 이보다 더 단순한 일이거나 지
속적이지 않은 일이라도 좋습니다. 자발적으로 주도한 일에 만
족감을 누적해 가는 것이 중요합니다.

근면성 높이기

매일 반복되는 일은 대단해 보이지 않습니다. 매일 규칙적으
로 생활하는 아이, 자기 물건을 잘 정리하는 아이, 평범한 약속을
잘 지키며 사는 아이에게 일일이 칭찬을 하지 않습니다.

그러나 계획한 것을 끝까지 하는 일, 매일 일정한 일을 지속
적으로 해내는 일은 중요합니다. 아이 스스로 그 태도에 자부심
을 갖게 해야 합니다. 어머니는 아이의 일상을 격려하고 즐겁게
함께 가야 합니다. 아이가 노력한 일에 대해서는 긍정적인 반응
을 보여주고, 그 과정도 충분히 인정하도록 해야 합니다. 꾸준히
하는 모든 일을 격려해 주십시오. 시작한 일을 끝까지 하려는 태
도를 격려해 주십시오.

청소년 자녀는 많은 시간을 공부하는 데 보냅니다. 이 많은
시간을 꾸준하게 하는 성실과 근면은 외부에서 오는 자극으로는
형성되기 어렵습니다. 어제보다 조금 더 노력하는 자녀를 격려
하십시오. 조금 더 발전해 가는 모습을 응원해 주십시오. 매일 조

금씩 자라는 모습이 계속될 때 성실성을 익히게 될 것입니다. 어떤 모습을 지니고 태어났든지 성실한 삶, 근면한 삶을 살도록 지원하는 부모가 되어야 할 것입니다.

우리 아이들이 신뢰성과 자율성이 발휘되어 하나님이 옳다고 하신 것을 좋아하는 자녀로 자란다면 참 좋겠습니다. 여기에 주도성이 있는 아이라서 그 일을 주도하는 자로 선다면 하나님이 세우신 리더가 될 것입니다. 이 아이에게 근면성이 뒷받침되고, 옳은 일을 좋아해서 주도하고 꾸준히 지속하는 자로 섬긴다면, 자신의 분야에서 영향력을 주는 사람으로 세워질 것입니다. 세상이 감당하지 못하는 하나님의 사람으로 설 것입니다.

다음 세대는 지금보다 더욱 열악하여 경건한 사람이 설 자리가 더 적어질지도 모릅니다. 그리스도인이라는 이름으로 불이익을 당할지도 모릅니다. 그런 열악한 시대에 우리 자녀는 예수의 제자로 살아가야 합니다. 주님이 불러 세우신 자리에서 자신의 몫을 다하는 '섬기는 예수제자'라는 샘물중고등학교의 고백처럼 서야 합니다. 하나님의 임재를 경험하며 사는 이들을 통하여 하나님의 통치를 보게 될 것이기 때문입니다.

의존에서 독립으로 청소년기

　　13세에서 20세까지는 흔히 사춘기라고 부르는 청소년기입니다. 자아 정체성의 혼란기라는 이 청소년기에 접어들면 아이는 지금과는 다르게 사고하고 반응합니다. 외부로 빨려나가듯 모든 관심과 시선을 밖으로 향합니다. 가정과 가족에 대해 비판적인 시각이 생깁니다. 가정과 부모의 사랑과 권위를 벗어나는 것은 아니지만, 또래 집단과 친구라는 확대 사회로 이동하는 과도기적 변화들이 일어납니다. 무조건적으로 부모에게 의존하던 자아가 독립된 자아로 분리되기 때문입니다. 마치 작은 화분에서 큰 화분으로 분갈이를 한 화초와 같은 상태라고 할 수 있습니다. 분갈이를 하고 나면 화초들은 한동안 몸살을 앓습니다. 뿌리가 적응하고 자리를 잡으려면 시간이 필요합니다. 그 과정에서 몸살이 나기도 하죠. 사춘기의 자녀들도 자신을 발견하고 독립된 인격으로 성장하기 위해 성장통을 앓게 됩니다.

이때 자녀들은 자신을 기다리고 격려하면서 가르쳐주는 안내자를 필요로 합니다. 그 안내자는 바로 부모입니다. 한 아이가 한 사람의 독립된 성인으로서 스스로 선택하고 책임지는 사람으로 설 수 있도록 부모는 안내자 역할에 충실해야 합니다. 당연히 실패하고 실수를 반복하겠지만 그것을 품어주고 기회를 주는 부모를 통해 아이는 선택하고, 결정하고, 그에 따른 책임에 대해 연습하게 될 것입니다.

자신이 어떤 안내자인지 한 번 점검하는 질문을 해 보십시오.

* 나는 자녀를 위해 대신 싸워준다 / 나는 스스로 싸울 수 있도록 준비시킨다
* 나는 자녀의 선택에 일일이 간섭한다 / 나는 좋은 선택을 위해 정보를 주려고 한다
* 나는 자녀의 약점을 덮어준다 / 나는 극복하도록 기회를 준다
* 나는 자녀가 실패할 때 잔소리와 훈계를 먼저 한다 / 나는 재도전을 할 수 있도록 격려한다

* 나는 자녀가 위기에 처한 후에 도와준다 / 나는 예상되는 위기를 위해 정보를 준다
* 나는 자녀를 판단하는 시선을 다른 사람에게서 찾는다 / 나는 하나님의 눈으로 자녀를 보려고 노력한다

어떤 것이 옳은지는 이미 어머니 당신은 알고 있습니다. 성장하는 자녀를 품에 안으려면 더욱 넉넉하게, 더욱 안정되게, 더욱 여유롭게 보려는 어머니의 시선이 필요합니다.

머지않아 세상이라는 대지에 옮겨져 당당히 서야 할 우리의 자녀에게 사춘기 과정은 예방접종과 같습니다. 이 시기에 아이들은 공격과 대응을 연습합니다. 곧 자신만의 현장에서 더 많은 변화를 겪고, 더 다양한 공격을 받게 되겠지만 당당히 대처해 나갈 것입니다. 자녀의 미래 현장에 함께하지 않아도 어머니 당신은 자녀의 마음을 채우게 될 것입니다.

마음의 싸움에서 지면
생활은 점령당한다

그리스도인에게는 눈에 보이는 성장보다 더 중요한 성장이 있습니다. 바로 하나님과의 관계입니다. 우리의 자녀는 하나님과 분리된 존재로 태어나서 하나님의 구속의 은혜를 경험하고 그리스도와 연합되어 완전한 의존 상태로 성장해야 합니다. 부모를 통해 하나님의 사랑을 공급받고 하나님의 말씀을 배우며 자랐다면, 청소년기에는 한 사람의 인격으로 그리스도를 주로 고백하고, 확대된 세계 속에서 하나님의 관점을 익히고 자신을 재구성해야 합니다.

어머니는 자녀의 일상에서 일어나는 일과 사회에서 일어나는 일들을 성경적 관점을 갖고 조명하고, 하나님의 말씀에 비추어 해석하고, 하나님의 사람으로 살 수 있도록 도와야 합니다. 그리고 대화를 통해 영적 성장을 확인해야 합니다.

중학교 3학년인 영수는 교회 친구들과 잘 어울립니다. 함께 찬양팀에서 활동하는 친구도 있고, 목사님 아들도 있습니다. 그래서 영수의 부모는 이 친구들을 만나면 안심합니다. 그러나 부모의 생각처럼 이 친구들이 신앙생활에 유익한 이야기만 하는 것이 아닙니다. 여자 아이들 이야기도 하고 유행하는 게임 이야기도 합니다.

그런데 그중 한 친구가 우연히 담배를 피우기 시작하더니 다른 친구들에게도 권합니다. 가끔 부모님이 없는 틈을 타 놀러가서 술을 마시자고 하기도 합니다. 그렇게 나쁘지 않다고 설득합니다. 영수는 친구들의 행동이 옳지 않다고 생각하지만 친구를 잃지 않기 위해 어떻게 거절해야 할지 고민합니다. 아니 그 친구를 변화시키고 싶습니다.

영수는 어떻게 하면 좋을까요? 부모로서 당연히 영수가 친구들과 동화되지 않고 슬기롭게 피했으면 좋겠다고 생각할 것입니다. 무엇보다 이것을 영적 싸움으로 인식하고 자신을 보호하는 것뿐 아니라 친구의 손을 잡고 담대히 대면하여 선한 영향력을 주었으면 좋겠다고 생각할 것입니다.

그런 선택과 결정은 그러나 단번에 일어나지 않습니다. 주의 말씀으로 하나님 편에 서는 연습이 있어야 합니다. 마음을 지키는 선한 싸움을 살도록 격려하고, 하나님의 말씀대로 살겠다는 의지가 강해야 합니다. 성경 말씀을 자기 생각으로 만들고 적용하고 증거하며 나누는 일이 부끄럽지 않도록, 익숙하도록 대화해야 합니다. 어머니의 삶 역시 말씀대로 살려는 영적 싸움의 한 가운데 있어야 합니다.

마음의 싸움에서 지면 생활은 이미 점령당하고 맙니다. 자신의 마음을 들여다보고 분별하는 씨름을 해나갈 때 그리스도와 연합된 성도의 삶으로 성장할 수 있습니다.

성의식 형성을 도우라

10대 자녀에게 일어나는 신체적 변화를 함께 이야기하는 일은 쉽지 않습니다. 어머니가 평생 여성으로 임신과 출산을 경험했음에도 불구하고 생리를 시작하는 딸에게 그 변화와 과정에 대해 이야기하는 것은 쉽지 않습니다. 아들에게는 더욱 어렵습니다. 생리대 뒤처리를 깔끔하게 하지 못하는 자녀를 보면 무슨 말부터 꺼내야 할지 막막합니다. 부모는 학교에서 알아서 성교육을 해줄 거라 생각합니다. 그러나 정작 아이들은 부모세대와 비슷하게 성에 대한 정보와 지식을 축적해 갑니다.

어른으로 성장하면서 아이는 변화에 대한 충격과 불안, 궁금증과 호기심이 뒤섞입니다. 궁금하고, 알고 싶고, 이야기하고 싶습니다. 바로 어머니에게 그 말을 하고 싶고 듣고 싶습니다. 그러므로 어머니는 어떤 대화도 할 수 있다는 자세로 응답해 주어야 합니다.

어머니는 기본적인 성 지식을 갖고 있어야 하고 간단한 질문에 대답해 줄 수 있어야 합니다. 필요하다면 책과 인터넷을 통해 얼마든지 정보를 얻을 수 있습니다. 변화의 시기인 10세 이전부터 성의식이나 성교육에 관한 책을 보고 대화를 나누고 건강한 성 지식을 소통해야 합니다.

그러나 무엇보다 중요한 것은 성에 대한 인식입니다. 성을 쾌락이라고 말하고, 성 정체성도 자기 스스로가 결정할 수 있고, 자신의 성적 만족이 권리라고 주장하는 사회 속에서 바른 성에 대한 인식을 갖도록 해야 합니다. 성경적인 성 개념이 제대로 뿌리를 내리지 못한다면 원치 않는 곳으로 떠밀려가게 될 것이기 때문입니다.

성의 첫 번째 가치는 생명입니다.

요즘은 초등학교부터 중고등학교까지 성교육을 진행하고 있습니다. 청소년의 특징과 이해, 호르몬과 신체의 변화, 이성교제와 가치관, 임신, 낙태, 피임 그리고 자위행위와 음란물에 관한 것까지 각 발달 단계에 따라 교육하고 있습니다.

믿는 가정에서는 이런 것에 더해야 할 것이 있습니다. 바로 자신의 몸은 하나님이 지으신 것임을 깨닫게 하고, 따라서 소중하게 여기고 목적대로 관리하고 보호되어야 한다는 것입니다. 또한 함께 자라는 이성 친구들의 몸도 소중하게 여기고 건강한 남성과 여성으로 자랄 수 있도록 서로 배려하고 보호해 주어야 한다는 것입니다. 생명을 위한 성은 매매될 수 없으며 단순한 유희가 아닌 신성한 관계 맺기라는 것을 가르쳐야 합니다.

성의 두 번째 가치는 관계입니다.

성을 영어로 하면 섹스SEX입니다. 섹스는 성별을 이르기도 하지만 다른 말로 성관계라는 의미를 가지고 있습니다. '부부가 연합하여 한몸이 된다'라고 할 때 그 한몸을 이루는 관계를 말합니다. 그러므로 성은 한 사람의 만족이나 요구가 아니라 둘이 함께 관계하는 것입니다. 두 사람은 성관계를 통해서 사랑받고 있다는 것을, 상대에게 자신이 가치 있는 존재라는 것을, 서로에게 가장 가까운 존재라는 것을 확인합니다. 이 둘은 성생활을 통해서 관계를 위한 책임과 역할을 격려 받습니다.

그러므로 성관계에는 가장 안전하고 건강한 울타리가 필요합니다. 따라서 결혼의 울타리가 없는 성관계는 자신을 가치 없는 존재로 언제든지 추락시킬 수 있는 가장 위험한 놀이가 됩니다.

책임감과 성실함이 배제된 관계는 지속될수록 서로의 성장을 방해하기 때문입니다.

  딸들과 함께 〈주노Juno〉라는 청소년 성장 영화를 본 적이 있습니다. 영화를 보는 내내 주변의 10대 아이들은 요란하게 웃고 장난치고 재미있어했습니다. 그러나 저는 영화를 보는 내내 마음이 아팠습니다. 영화를 즐기기보다는 딸과 같은 열여섯 살 소녀 주노를 자꾸 생각하지 않을 수 없었습니다.

  영화 내용은 주노라는 여고생이 성에 대한 단순한 호기심으로 가장 친한 남자 친구와 섹스를 했는데 그만 임신을 하고 맙니다. 지울까, 낳을까를 고민하던 주노는 벼룩신문을 통해 입양부모를 찾습니다. 그들은 겉으로 보기에는 이상적인 가정을 갖추고 있는 것처럼 보여 주노는 아이를 낳아 그들에게 입양을 보내기로 합니다. 그런데 8개월이 지난 후 입양하기로 한 부부가 그만 이혼을 합니다. 주노는 혼란에 빠지고 맙니다. 그래도 주노는 자신이 키우는 것보다 낫다고 판단해 결국 이혼한 부인에게 입양을 보냅니다. 그리고 주노와 남자 친구는 다시 학교로 돌아가 또래 친구들과 같이 생활하죠.

  주노는 로마 신화에 나오는 최고의 여신이며, 결혼과 가정을 보호하고 임신과 출산을 지키는 여신입니다. 영화 속 주인공 주노는 평범한 가정에서 자란 평범한 10대 소녀였습니다. 주노는 남학생들의 시선을 의식하면서 멋이나 부리며 생각 없이 사는 아이가 아니었습니다. 그러나 주노는 자기를 표현하는 것에 주저함이 없는 아이였습니다.

주노가 남자친구 블리커와 섹스를 하기로 결정한 것은 이미 섹스가 데이트의 연장선상에 있을 뿐 아니라, 이성 간에 나누는 놀이쯤으로 생각하는 미국 10대들의 생각을 전제로 담고 있습니다. 영화는 단순히 10대 임신을 문제로 다루는 데서 끝나는 것이 아니라 그녀가 직면해야 하는 현실을 실감나게 전개하면서 또 다른 의미의 성교육을 펼칩니다. 주노가 자신의 선택으로 일어난 임신이라는 현실을 은폐하지 않고 부딪혀 나가기 때문입니다.

주노는 낙태를 고민하다 태아에게도 손톱이 있다는 말에 생명의 소중함을 깨닫게 되고, 낳아서 키울까 고민하다 스스로 엄마로서 준비된 것이 없다는 자기 현실을 깨닫고, 아기에게는 준비된 부모가 필요하다는 생각에 이릅니다. 그리고 그 생각 때문에 공부와 자기 개발에 열중해야 하는 열여섯 살 소녀는 불러오는 배를 들고 학교에 다닙니다. 전교생의 시선을 한몸에 받으며 뒤에서 수군대는 소리를 듣습니다. 주노가 입양부부를 만나는 일은 잠시라도 숨통이 트이는 일입니다. 늘 따뜻하고 즐겁게, 경이롭게 자신을 바라보는 그들을 통해서 주노는 자기가 결정하고 겪어내는 일이 틀리지 않다고 위안을 받기도 합니다.

두 딸과 이 영화를 본 후 '자궁으로 되돌아가는 기억여행'을 함께했습니다. 이것은 시간을 점점 되돌려 아기가 된 자신이 엄마의 자궁으로 들어가는 과정을 상상하는 것입니다. 사춘기 아이들의 성교육 때 곧잘 이야기하는 것이기도 합니다.

'자궁으로 되돌아가는 기억여행'을 통해 저는 10대 소년 소녀들이 섹스에 대한 호기심을 넘어서 생명에 대한 경이감을 갖게 되기를 바라고, 섹스는 바로 이 자궁에서 생명을 자라게 하는 신성한 관계맺기라는 것을 강조합니다. 자녀와 함께 '자궁으로 되돌아가는 기억여행'을 떠나 보십시오.

"너희들이 아기였을 때, 더 아기였을 때를 생각해 보렴. 더 아기 때로 돌아가 엄마 뱃속에 들어가 있을 때, 엄마 자궁에 들어 있을 때, 그 따뜻하고 부드러운 몸속으로 들어가는 상상을 해보렴. 편안하고 안전한 그곳이 너희의 첫 번째 집인 자궁이란다. 그곳은 엄마와 아빠가 사랑으로 만난 곳이요, 생명이 시작된 곳이야. 세상에서 가장 신성한 곳이요, 가장 고귀한 곳이지."

하나님의 생명에 대한 거룩한 계획은 신비롭고 놀라운 일입니다. 우리의 자녀들은 그저 그런 사랑 노래를 넘어서서 쾌락의 독을 뿜어내는 타락한 문화를 분별하고 고귀한 하나님의 생명을 가슴에 품는 어머니로, 그리고 부모로 자라도록 함께해야 합니다.

4강

어머니,
당신은

선교사입니다

하나님을 배우는 어머니가 되라

한국 사회에서 자녀를 키우는 일은 경제력과 직결된다고들 합니다. 자녀를 교육시키려면 할아버지의 경제력과 아버지의 이해력, 그리고 어머니의 정보력이 있어야 한다고까지 말합니다. 아이를 낳을 때부터 이런 차별을 경험하고 자녀를 키울 생각을 하면 어머니의 길은 한없이 멀고 험하기만 한 듯합니다. 그러나 이런 가운데 우리 믿음의 어머니들은 하나님께 더 물으며 나아가야 합니다.

수고하고 무거운 짐 진 자들아 다 내게로 오라. 내가 너희를 쉬게 하리라. 나는 마음이 온유하고 겸손하니 나의 멍에를 메고 나를 배우라. 그리하면 너희 마음이 쉼을 얻으리니 이는 내 멍에는 쉽고 내 짐은 가벼움이라 하시니라. (마태복음 11:28~30)

중동지방에서는 소에게 쟁기질을 시킬 때 일 잘하는 소와 이제 막 일을 시작하는 소를 한 조로 묶어 멍에를 메어 줍니다. 그럼 덩치 좋고 경험 많은 일 잘하는 소는 앞서서 이끌고, 신참 소는 일 잘하는 소를 좇아가게 됩니다. 그러다 보면 어느새 신참소가 일 잘하는 소가 됩니다.

같이 짐을 진다는 말은 함께 지는 것 같지만 실은 흉내 내는 것이요 배우는 것이지, 정작 앞선 자가 그 짐을 나서서 지는 것입니다. 주님은 어머니로 준비되지도 않고 경험도 없는 우리를 어머니 자리에 세우시고, 그 일을 배우게 하시고, 그 일을 감당하게 하십니다. 함께 동행하시는 주님을 믿고 흉내 내다 보면 어느덧 그 역할을 제대로 하는 자리에 이르게 되는 것입니다.

어머니는 자녀를 위해 생명을 아끼지 않는다는 말은 과장이 아닙니다. 우리의 어머니들도 그랬고, 지금 어머니들도 자녀를 위해 아낌없는 지원과 헌신을 하고 있습니다.

그러나 가끔 이와는 반대되는 어머니의 모습을 볼 수 있습니다. 몇 년 전 인도에서 어린 아이를 판 엄마에게 왜 아이를 팔았느냐고 물었더니 청바지가 너무 사고 싶었다고 말한 기사를 본 적이 있습니다. 자신의 욕망 앞에서 생명 같은 자녀를 돈 몇 푼으로 환산해 버린 이 어머니에게 과연 '어머니'라는 이름을 붙일 수 있을까요? 그러나 청바지가 아니라 만약 빌딩이라면 어떨까요. 황금이라면 어떨까요? 세상 가치에 자녀를 판 어머니가 단지 이 여성 한 사람뿐일까요.

어머니는 세 분류로 나눌 수 있습니다. 첫째는 육신의 어머니입니다. 자녀를 낳아 먹이고 입혀 키우는 것 이상의 역할을 하지 않는 어머니입니다. 이런 어머니는 자신의 인생은 자기가 할 탓이라고 생각하고 최소한의 역할만 해주며 이렇게 말합니다.

"네 인생 네가 알아서 살아라. 부모의 도움은 기대하지 말아라."

두 번째는 희생하는 어머니입니다. 당신 한 몸을 희생해서 자녀를 잘 키우려고 모든 것을 다 내주는 어머니입니다. 이 어머니는 자녀인생에 공로를 쌓고 그 공로가 자신의 위로요, 영광이 되는 어머니입니다.

세 번째는 하나님을 배우는 어머니입니다. 자신이 낳은 자녀지만 하나님이 생명의 주인인 것을 알고 오직 그분께 의뢰하고 배우는 어머니입니다. 정성을 다 쏟는 것이 아니라 하나님의 방법대로 그 자녀를 키우려고 애쓰는 어머니입니다. 이 어머니가 가장 상위 개념의 어머니입니다. 우리는 이 상위 개념의 어머니를 배우려고 주님 앞에 나아가는 것입니다. 상위 개념의 어머니는 하나님의 자녀를 그분의 자녀로 키우는 어머니요, 그분의 영광을 위해 키우는 어머니입니다.

잘난 아들은 나라의 아들이요, 괜찮은 아들은 장모의 아들이요, 못난 아들만 내 아들이라는 말이 있습니다. 못난 아들 원하는 어머니는 없으니 어차피 내 아들이 안 될 거라면 잘난 아들 만들어 나라에 주라고 한답니다. 그런데 이 아들은 누구의 아들입니까? 하나님의 아들이요, 그분을 위해 살도록 지음 받은 자녀입니다. 그러니 탁월하게 키워 하나님의 아들로 살도록 해야 합니다.

여러 편의 시리즈물로 유명했던 영화 〈터미네이터〉를 기억할 것입니다. 영화는 40년 후의 미래 시간에서 사이버 로봇 터미네이터를 1984년 LA로 보내면서 시작됩니다. 터미네이터의 미션은 어머니 사라 코너를 죽이는 것입니다. 미래 기계 사회를 위협하는 인간 조직의 리더 존 코너를 없애기 위해 과거로 가서 그의 어머니인 사라 코너를 죽이는 것이죠.

사라 코너는 일주일 동안 열심히 일하고 주말에는 친구들과 노는 평범한 식당 여종업원입니다. 그런 그녀가 어느 날 자신을 죽이려는 엄청난 위협 앞에서 자신의 미래에 관한 이야기를 들고 결혼도 하지 않았음에도 불구하고 아직 태어나지도 않은 아들을 지키기 위해 전사가 됩니다. 그녀는 경험하지 않은 미래를 통해 현재를 다시 해석합니다.

〈터미네이터 1〉은 사라 코너가 위기를 극복하고 미래의 지구를 구원할 아기를 임신하는 것으로 끝이 납니다. 〈터미네이터 2〉에서 어머니 사라 코너는 아들 존 코너를 지키기 위해, 그 아들이 멸망한 미래를 구원하도록 하기 위해 여전사로 변신합니다. 모두 미쳤다고 하지만 그녀는 끊임없이 미래와의 전쟁을 준비합니다. 아들 존이 리더가 되었을 때 그 일을 잘해낼 수 있도록 준비시킨 것입니다.

저는 여전사로 변신한 어머니 사라 코너의 모습에서 우리 어머니들의 모습을 봤습니다. 우리는 다음 세대를 위해 여전사로 변해야 합니다. 우리 모두에게는 보이지 않는 미래가 앞에 있습니다. 그 미래는 우리 자녀가 살아가야 할 세상입니다. 특히 우리 믿는 아이들은 영적인 전투를 벌이며 살아야 합니다. 그 현장에서 살아남도록 하나님께서는 우리 어머니들을 세우셨습니다. 어머니는 우리 아이들이 말씀으로 살아내도록 세워야 합니다. 물론 하나님께서 그분의 주권으로 일하시겠지만, 더불어 어머니의 몫이 분명하게 있음을 기억해야 합니다.

하나님의 전사, 선교사

예전에는 '선교사'라고 하면 타 문화권에서 복음을 전파하는 사람으로 여겼습니다. 그러나 요즘은 공간을 초월하여 특별한 영역, 특별한 대상을 위해 헌신하는 사람들도 선교사라고 부릅니다. 이들에게는 각각 다른 현장과 다른 대상, 다른 이해, 다른 준비가 있습니다. 그러나 비전과 소명, 열정 이 세 가지는 선교사라면 모두 공통적으로 갖고 있는 것입니다.

선교사가 갖고 있는 비전은 하나님 나라를 꿈꾸며 그 나라를 위해 살아간다는 것입니다. 믿는 어머니는 마음에 비전을 품고 그 비전을 향해 부단히 나아가야 합니다. 오늘을 사는 우리는 눈에 보이는 것을 좇고, 눈에 보이는 것을 따라하고, 눈에 보이는 것을 가지려 합니다. 그래서 한순간도 놓치지 않고 보고, 즐기고, 소유하려고 합니다. 그러나 아무리 눈을 크게 뜨고 보려 해도 보이지 않는 것이 있습니다. 아니 오히려 눈을 감아야 보이는 것이 있습니다. 바로 구원과 함께 열린 세계입니다.

이것은 '하나님의 나라'입니다. 그리스도를 믿음으로 우리에게 하나님이 보여주시는 세계입니다. 우리는 이 땅에 사는 동안 하늘나라 시민의 정체성을 부여받아 궁극적인 목적지를 미리 맛보고 누리며 살아갑니다. 우리에게 주어진 특권 속에는 모든 생명에게 그 축복과 특권을 누리도록 안내하는 하나님의 명령도 함께합니다.

비전은 모든 구원받은 성도에게 주어진 것입니다. 그러나 특히 어머니는 가정 안에서, 자녀 앞에서 비전을 품은 선교사가 되어야 합니다. 어머니의 발이 어디를 딛고 있든지 영원한 나라를 소망하며 오늘을 살아야 하고, 하나님의 나라를 선전해야 하며, 어머니를 통해 자녀가 하나님 나라를 맛보게 해야 합니다. 어머니는 선교사이기 때문입니다.

선교사는 소명을 받은 사람입니다. 소명이란 '하나님의 일을 하도록 하나님의 부름을 받는다'는 것입니다. 하나님의 자녀인 우리에게는 여러 이름이 있습니다. '택하신 족속' '왕 같은 제사장' '거룩한 나라' '그의 소유된 백성' 등 어마어마하고 거창한 이름들입니다. 하나님의 완전함과 거룩함으로만 감당할 수 있는 이 이름으로 우리를 불러주신 이유는 하나님의 아름다운 덕을 선포하기 위해서입니다.

> 너희는 택하신 족속이요 왕 같은 제사장이요 거룩한 나라요 그의 소유가 된 백성이니 이는 너희를 어두운 데서 불러내어 그의 기이한 빛에 들어가게 하신 이의 아름다운 덕을 선포하게 하려 하심이라. (베드로전서 2:9)

덕을 선포하는 것은 증명하거나 설득하는 것이 아닙니다. 선포는 높은 곳에서 아래를 향해 말하는 것이 아닙니다.

가장 힘 있는 선포는 삶입니다. 나에게 베풀어진 그 아름다운 덕, 그 놀라운 은혜, 그 영원한 소망에 합당한 삶을 사는 것입니다. 소명을 받은 것은 하나님의 부르심을 받은 것입니다. 받은 소명을 선포해야 부르심에 응답하는 것입니다. 선교사로서 어머니는 삶 속에서 자녀에게 소명을 받은 사람으로서 역할을 다해야 합니다.

선교사에겐 열정이 있습니다. 어떤 환경에서도 굴하지 않고 기도하면서 나아갈 수 있는 것은 바로 하나님 나라를 향한 열정 때문입니다. 우리의 삶은 달리기입니다. 그런데 그 달리기 코스가 너무 길어서 때때로 그 결승선을 잊고 달리거나, 혹은 경주라는 것 자체를 잊고 달리는 경우가 종종 있습니다. 그래서 우리는 매일을 새롭게 열지 않으면 안 됩니다.

저에게도 열정이 일어나는 곳이 있습니다. 나를 필요로 하는 현장, 나를 응원하는 관계, 나와 사랑을 주고받는 대상들입니다. 어머니인 우리는 바로 이 한가운데에 살고 있습니다. 선교사의 삶은 매일 복음을 외치며 비장하게 사는 일들로 가득할 것 같지만, 우리와 같이 일상적인 일들을 보내는 평범한 하루를 살아갑니다. 그 삶을 하나님의 사람으로 사는 것입니다.

가슴에는 비전을 품고, 현실에서는 보이지 않는 소명을 영의 눈으로 바라보며, 아무도 격려하지 않는 차가운 시간 속에서 열정을 뿜어내며 살아가는 자가 선교사입니다. 비전과 소명과 열정은 어머니, 당신의 현장을 위해 하나님께서 부어주신 것입니다.

어머니는 선교사다

《엄마라고 불러도 되나요?^Kisses from Katie》의 지은이인 케이티 데이비스는 스물한 살의 젊은 여성입니다. 그녀는 우간다에서 '아마지마^우간다어로 '그리스도의 진리'라는 뜻'라는 비영리 단체를 운영하면서, 현재 14명의 현지 아이를 입양해서 키우고 있습니다. 뿐만 아니라 400여 명의 어린이를 돌보는 우간다 고아들을 돌보고 있습니다.

미국의 독실한 기독교 가정에서 부족할 것 없이 자란 그녀가 낯선 우간다에서 고아들의 어머니가 된 데는 고등학교 때 어머니와 함께한 3주간의 우간다 보육원 사역 때문이었습니다. 그 짧은 3주 동안 그 나라와 그곳 사람들을 알게 되면서 그들의 가난과 그들의 필요를 외면할 수 없게 된 것입니다. 무엇보다 그녀는 그들에게 예수님의 말씀과 가치를 전하고 싶었습니다. 그래서 고등학교 졸업 후 1년 동안 유치원 사역을 하겠다고 우간다로 갑니다. 불편하고 힘든 일들을 '하나님을 기쁘시게 하는 일'이라는 생각으로 기쁨과 감사로 받아들였습니다.

어느 날, 집이 무너져 갈 곳 없는 아이들이 잠시 케이티 집에 머물게 되었습니다. 그런데 3일째 되던 날 한 아이가 그녀를 향해 "엄마!"라고 불렀습니다. 순간 그녀의 가슴은 심하게 뛰었습니다. 아이를 낳기는커녕 결혼도 하지 않은 케이티에게 그 아이는 바로 하나님의 아이였습니다. 그녀는 그렇게 아이들을 하나둘 입양하기 시작했습니다. 그리고 어느새 14명의 아이를 둔 엄마가 되고 갈 곳 없는 많은 아이들의 어머니가 되었습니다.

케이티는 어머니를 필요로 하는 제3국의 어린이들에게 기꺼이 다가가 어머니가 되었습니다. 그들을 건강한 하나님의 자녀로 자라게 하겠다는 비전을 품고 지금도 열정적인 삶을 살아가고 있습니다. 20대 아름다운 젊은 여성이 어머니라는 이름으로 자신의 모든 것을 하나님께 향하고 있는 것입니다.

제가 하나님의 부르심에 응답한 첫 사역은 선교사였습니다.

중학생 때 학생사경회에서 처음 선교라는 이름을 들었습니다. 그때 말씀에 도전받고 하나님의 사람으로 어디서든 살겠다는 선교 헌신에 손을 들고 일어났었죠.

그러다 20대 청년이 되어 모교회인 동신교회에 보고를 하러 오신 OM^Operation Mobilisation 선교회 소속 선교사님을 통해 한동안 잊고 있었던 선교를 떠올렸습니다. OM 선교회는 로고스호프라는 배로 전 세계를 다니면서 선교를 하는 단체로서, 세계 각국의 청년들이 각 지역에서 전도와 훈련 사역을 할 수 있도록 다양한 프로그램을 갖고 있는 기관입니다. 저는 OM 선교회에 나가 봉사를 하고 선교훈련을 받기 시작했습니다. 그리고 OM 선교회를 통해 2년간의 단기 선교를 위해 영국으로 갔습니다. 결혼을 하고, 아이를 낳아 어머니라는 이름을 선물받았습니다.

이후 선교사라는 이름과 어머니라는 이름은 저를 끊임없이 배우게 했고 하나님만 의지하게 했습니다. 선교사와 어머니의 역할은 하나님이 맡기신 생명을 그리스도의 제자로 자라게 하는 일입니다. 그 역할을 수행하기 위해 하나님과 강력히 연결되어야 함을 매일 점검해야 했습니다. 2년간의 단기 선교사의 삶은 이후 20년이 넘도록 어머니의 삶을 사는 제게 어머니야말로 선교사라는 것을 확인케 하셨습니다.

그동안 저는 많은 어머니들을 만났습니다. 목회자의 아내로

사역 현장에서 어머니들을 만나 이야기하고 기도하면서 가정사
역에 대해 공부해야 했고, 상담공부를 해야 했습니다. 그리고 그
것들은 자연스레 부모교육과 강의로 이어졌습니다.

다음 세대를 향한 비전을 갖게 된 것은 두 아이의 교육 현실
을 직면하면서부터입니다. 80년대 영국에서 선교사 시절, 팀 리
더가 8명의 자녀를 홈스쿨하는 모습은 국가 교육에 아무런 저
항 없이 따라 살아온 저에게 충격과 생각의 전환을 가져다주었
습니다. 그때부터 가정이 교육의 주체가 되어야 한다고 생각했
고 가정과 자녀교육의 필요성을 잊어본 적이 없습니다. 모든 교
육을 하나님의 자녀 양육에 중심을 두고 가정을 제1의 교육기
관으로 삼았습니다.

큰딸이 다섯 살이 되었을 때 한국 교육 현실에 눈뜨게 되면서
경쟁적이고 평가 위주의 교육현장에 아이를 맡길 수 없어 '가정
학교'의 기능을 강화하고 교육의 전 과정을 주도해야겠다고 생
각했습니다. 그렇다고 학교를 안 보낸 것은 아닙니다. 제가 말하
는 '가정 학교'는 '가정 학교'가 일반학교의 교육을 도입한다는
개념입니다. 학교에서 하는 공부등 배움은 학교에서 일어나지만
평가는 학교가 내리는 것이 아니라 부모를 통해 만족된 교육이
일어나도록 주관하는 것입니다.

이런 방식의 교육은 만족스러웠지만, 내 아이와 우리 가정만

으로는 너무 힘이 작았습니다. 그 당시 서울 영동교회 박은조 담임목사님의 격려로 교회에서 '꿈을 가꾸는 교실'이라는 방과후 학교를 시작했습니다. 같은 뜻을 가진 국어, 영어, 수학, 음악, 미술 등 각 과목 전공자 성도들이 교사로 참여했습니다.

강남에서 사교육을 받을 수 없었던 인근 아이들에게 일반 학교에서 일어나는 평가 위주의 학습이 아니라 하나님의 자녀로 각각 재능을 개발하고 자랄 수 있도록 연구하는 수업을 진행했습니다. 지역에 아직 어린이 도서관이 흔하지 않은 90년대 후반이었으므로 '좋은 책 읽기'를 목적으로 작은 도서관도 만들어 자율적인 독서지도도 했습니다.

그때 저와 함께 헌신한 분들 중에는 자라나는 다음 세대를 하나님의 자녀로 세우려는 비전과 소망을 갖고 현재 대안학교장으로, 혹은 교사로 계신 분도 있습니다. 그때의 그 작은 씨앗이 지금 각자의 삶의 터에서 다음 세대를 위한 선교사로 일하고 있는 것입니다.

저의 지난 20년이 넘는 어머니로서의 삶은 곧 선교사의 삶이었습니다. 이것이 저를 향하신 하나님의 부르심입니다. 이 현장은 저만의 것이 아닙니다. 하나님의 도우심을 구하는 어머니들 모두에게 주어진 현장입니다. 우리 공통의 선교지는 바로 다음 세대요, 그들이 살아갈 세상입니다.

어머니 당신은 누구입니까

선교사 준비과정 중에는 간증을 쓰는 훈련이 있습니다. 대상에 따라 간증의 초점이 다를 수 있기에 여러 편을 준비하는데 기본적인 골자는 그리스도를 만나기 전인 나의 과거, 그리스도를 만난 나의 현재, 그리고 그리스도와 동행하게 될 약속된 미래로 구별하여 기술하도록 합니다. 이제 선교사로 살아가기로 한 어머니들에게도 선교사 준비과정이 필요합니다.

먼저 과거를 보십시오.
어제의 어머니는, 구원 안에 있을 때에나 구원 밖에 있을 때에나 나의 유익을 먼저 생각했을 것입니다. 우리 가정의 행복이 가장 우선이요, 나의 자녀가 남들에게 뒤처지지 않아야 한다고 생각했을 것입니다. 더 뛰어나야 하고, 더 많아야 하고, 더 높이 올라가야 선한 일을 많이 할 수 있다는 말에 속고 속이며 살았을 것입니다.

그러나 나의 만족을 채우면서 하나님의 마음을 담을 수 없습니다. 자리가 없습니다. 하나님의 마음을 담아야 시야가 확보되고 나의 욕망과 나의 유익을 내려놓는 일이 가능해집니다. 이것은 어머니의 내면에서 일어나는 각자의 거룩한 영적 싸움입니다.

그러므로 하나님의 전신 갑주를 취하라. 이는 악한 날에 너희가 능히 대적하고 모든 일을 행한 후에 서기 위함이라. 그런즉 서서 진리로 너희 허리띠를 띠고 의의 호심경을 붙이고 평안의 복음이 준비한 것으로 신을 신고 모든 것 위에 믿음의 방패를 가지고 이로써 능히 악한 자의 모든 불화살을 소멸하고 구원의 투구와 성령의 검 곧 하나님의 말씀을 가지라. 모든 기도와 간구를 하되 항상 성령 안에서 기도하고 이를 위하여 깨어 구하기를 항상 힘쓰며 여러 성도를 위하여 구하라. (에베소서 6:13~18)

전투에 나가기 위해 어제의 '나를 위한 신앙생활'을 벗어나야 합니다. 전신갑주를 입고 영적 싸움에 임해야 합니다. 우리의 전투는 혼자의 싸움이 아닙니다. 승리자이신 그리스도의 싸움이요, 승리를 확인하는 싸움입니다. 그러므로 말씀을 가지고 성령을 힘입어 기도와 간구하는 자로 서야 하는 것입니다.

지금 현재, 무엇을 보고 있습니까.

자녀를 미래로 보내야 하는 우리의 눈은 미래에서 현재를 보아야 합니다. 미래에 이루어진 '예수 제자로 선 자녀'를 마음에 담고 오늘을 살아야 합니다. 미래의 내 아이만 보지 말고 미래의 하나님의 군대를 보십시오. 그 대열에서 당신의 자녀가 자신의 몫을 감당해나갈 것입니다.

현재 우리는 어디에 발을 딛고 서 있습니까? 우리는 그리스도 안에 있습니다. 출발점에서 결승점을 보는 일은 사명자가 갖고 있어야 할 첫 번째 자세입니다.

우리는 누구와 함께 서 있습니까? 우리는 그리스도를 주로 고백하는 믿음의 공동체와 함께 서 있습니다. 한 방향으로 함께 가는 믿음의 동역자들이 있습니다. 그래서 서로를 격려하고 의지하며 열정적으로 살아갈 수 있습니다. 이 긴 경주를 지속적으로 달려갈 때 우리의 심장박동 소리가 서로에게 열정을 더해 줄 것입니다. 나의 소리, 우리의 소리, 서로를 격려하는 소리 들을 나누십시오. 우리의 이런 심장박동 소리가 우리를 지속적으로 달릴 수 있도록 해 줄 것입니다.

이제 미래를 봅시다.

우리의 자녀들은 좌충우돌하겠지만 포기하지 않는 주님의 사랑으로 소명을 따라 한걸음씩 자랄 것입니다. 20대를 보내며 그리스도의 제자로 만들어져서 각자 섬길 현장으로 향할 것입니다. 우리의 자녀를 통해 하나님의 아름다운 덕이 선포되고, 그 세대에게 영향력을 주고 아름다운 가정으로 세워지는 모습을 상상해 보셨습니까? 그 모습을 가슴에 담고 오늘을 살아야 합니다. 그리고 우리는 그 곁에서 다음 세대로 이어지는 하나님의 영광과 그의 나라가 확장되는 모습을 기도하며 보내야 합니다.

저희 부부는 큰딸을 임신했을 때부터 기도를 시작했습니다. 하나님의 자녀로 자라게 해달라는 평범한 기도였습니다. 조금 지난 후에는 자녀의 가정들을 위한 기도를 시작했습니다. 우리의 딸들과 배우자를 위한 기도를 시작했습니다. 지금 그들이 어디에 있든 주님이 함께하시고 주의 권능과 은혜 가운데 키워 주시기를 기도했습니다. 그 기도는 점점 구체화되어 어느 날부터 이름을 지어 부르게 되었습니다. 만복이와 근원이. 누군지, 언제 만날지도 모르는 그들을 향해 우리는 이름을 부르며 기도합니다. 자녀를 위해 기도할 때 꼭 이들을 위해 기도합니다.

이름을 부르는 일은 참으로 힘이 있습니다. 언제부턴가 딸들도 자신의 배우자를 위해 기도할 때 이 이름을 부릅니다. 이 이름에는 하나님의 섭리와 하나님의 인도와 하나님의 보호와 은혜가 담겨 있습니다. 이렇게 저희 가정은 두 딸과 아직 만나지 못했지만 두 아들을 품고 기도하며 다음 세대 가정을 위해 기도합니다. 또한 그 가정에 보내 주실 생명들을 위해서도 기도합니다.

적어도 3대를 위해 기도하십시오. 자녀들이 이룰 가정, 그리고 그 가정을 통해 자라날 그 다음 세대를 위해 기도하십시오. 그러면 오늘을 사는 우리의 삶이 흐트러지지 않습니다. 다음 세대를 향해 부끄럽지 않게 살라는 음성에 더욱 민감해지기 때문입니다.

어머니는 NGMM 선교사다

우리의 자녀가 사회의 주요 구성원이 되어 살아가야 하는 시간이 곧 옵니다. 그들의 자녀가 살아가야 할 날들도 곧 옵니다. 우리가 함께 있을 수도 있고 곁에 없을 수도 있습니다. 그러나 우리가 함께하든 그렇지 않든 '그때가 온다'는 사실은 변하지 않습니다. 그때는 지금보다 더 열악한 환경이 될 것이고, 성도가 살아가기 더 힘든 시대가 될 것입니다. 그러니 그때를 준비하는 것도 아는 자가 해야 할 사명인 것입니다.

당연한 전제에 해당하는 진리지만, 많은 사람들이 그 전제를 앞에 두고 절박하게 살지 않습니다. 눈에 보이지 않는 위기에 대해 무감각합니다. 알아도 당장 눈앞에서 나에게 일어나는 일이 아니면 움직이려 하지 않습니다. 대다수의 사람들이 자신의 현실만 보고 눈앞에서 불이 나야 뜨겁다고 인식하고 '어떻게 하지?'라고 생각합니다. 그 외의 문제에는 '누군가 하겠지' '잘 되겠지' 하는 막연한 생각으로 오늘을 가볍게 살아 버립니다.

1989년 미국에서 출판되고 우리나라에서도 번역출간된《가정의 충격》은 미국 기독상담 전문가 50여 명이 미국 내 위기에 처한 가정의 모습을 생생히 진단하고 있습니다. 가정이 깨지고, 학대와 역기능이 만연하고, 결혼의 본질이 급진적으로 훼손되고 있는 현실을 진단하고 변화와 회복을 촉구하고 있습니다.

지금, 한국 사회의 가정들은 그 책의 진술과 다르지 않습니다. 한국의 이혼률과 자살율은 OECD 국가 중 2014년 현재 10년 연속 1위입니다. 낙태율도 세계 최고인데 이중 미혼 여성의 낙태율은 점점 높아지고 있습니다. 연일 보도되는 가정 폭력, 미성년자 성폭력 등 사회 안전은 이미 위험 수위를 넘어서고 있고, 가정은 더 이상 안전하지 않습니다. 오직 물질로 보상과 만족을 누리려는 이 세대는 자녀들의 마음이 찢기고, 상하고, 병들어 가는 것을 보지 못하고 있습니다. 다음 세대는 그래서 더욱 위기에 놓여 있습니다.

지구 전역에 전염병처럼 번진 세속주의와 물질 만능주의, 종교다원주의가 우리 세대를 삼키고 있습니다. 이것들이 다음 세대를 삼키게 놔둘 수는 없습니다. 하나님께서 세워주신 공동체를 통해 우리의 자녀를 주님의 군사로 세워야 합니다.

우리 자녀들이 뿌리내리고 있는 이 대지는 그리 만만한 땅이 아닙니다. 가정이라는 한 줌 흙을 넘어서면 딱딱하고 거친 흙과 돌 들이 기다리고 있습니다. 그곳에서 뿌리내리고 뻗어 나가 다른 뿌리들을 만나 하나처럼 서로를 든든히 이어가야 합니다. 그래야 함께 버텨내고 함께 이겨내고 함께 바꾸어낼 것이기 때문입니다. 그러니 다음 세대야말로 가장 거친 선교지요, 그곳을 구체적으로 가슴에 품고 기도하는 것이야말로 선교사들이 해야 하는 첫 사명인 것입니다.

다음 세대를 위해 선교하는 어머니를 저는 이렇게 이름 지었습니다. 'NGMM^Next Generation Mission Mom' 이제 이것이 여러분과 저의 이름입니다. 우리는 모두 이 선교단체에 소속된 선교사여야 합니다. 마음에 비전을 담고, 사명을 기억하며, 열정적으로 살아야 합니다. 서로서로 곁에서 함께 가야 합니다.

어머니는 다음 세대를 품은 선교사다

지난 역사에서도 우리와 같은 심정으로 다음 세대를 준비한 자들이 있습니다. 성경에도 하나님의 구원과 그의 나라를 기다리며 기도하는 자들의 기록이 있습니다. 먼저 안나와 시므온을 들 수 있습니다.

또 아셀 지파 바누엘의 딸 안나라 하는 선지자가 있어 나이가 매우 많았더라. 그가 결혼한 후 일곱 해 동안 남편과 함께 살다가 과부가 되고 팔십사 세가 되었더라. 이 사람이 성전을 떠나지 아니하고 주야로 금식하며 기도함으로 섬기더니 마침 이

때에 나아와서 하나님께 감사하고 예루살렘의 속량을 바라는 모든 사람에게 그에 대하여 말하니라. (누가복음 2:36~38)

성전 앞에서 안나가 평생을 기도하며 기다린 것은 '하나님의 구원이신 그리스도'입니다. 그녀는 한 가지 비전을 바라보고, 한 방향으로 열정을 쏟고, 한 가지 소망을 품고 기도하며 살았습니다.

그녀가 성전에서 보기 원했던 것은 대단한 실력자들이 아니었습니다. 아무도 눈을 돌리지 않는 평범한 부부의 품속에 있는 갓난아기를 보고 하나님의 구원을 알아볼 수 있었던 것은 그녀가 하나님과 닿았던 기도 때문일 것입니다. 하나님의 일이 얼마나 철저히 거룩하게 구별되어 일어나는지, 그 일을 기다리고 기대하고 상상하며 보낸 여인의 눈에 그 구원의 시작이 보인 것입니다.

일어나지 않은 미래를 오늘 일어난 것처럼 볼 수 있는 것은 하나님의 가슴에 옮겨진 산을 보았기 때문일 것입니다. 그녀는 아기 예수를 보았지만 구원을 이루신 하나님의 약속의 성취를 보았습니다.

이 성경 본문 바로 앞에는 시므온이라는 의롭고 경건한 사람이 등장합니다. 그도 안나처럼 하나님이 약속하신 구원을 기다리고 있던 사람입니다. 그도 아기 예수를 보고 이렇게 고백했습니다. 바로 이들이 다음 세대를 품은 선교사입니다.

> 내 눈이 주의 구원을 보았사오니 이는 만민 앞에 예비하신 것이요, 이방을 비추는 빛이요, 주의 백성 이스라엘의 영광이니이다. (누가복음 2:30~32)

또 다른 인물을 소개합니다. 다윗은 자신의 시대에 자신의 손으로 여호와께 드릴 성전을 짓고 싶었습니다. 그러나 하나님은 그의 시대에 지을 수 없다고 말씀하셨습니다. 성전을 짓기에는 너무 열악하다고 말씀하셨습니다.

하지만 하나님은 다음 세대, 자녀 세대에는 그 일을 이루실 것이라고 약속하셨습니다. 다윗은 자신의 다음 세대가 그 약속을 지키도록 미리 준비했습니다. 성전을 위해 쓰일 자재들을 가장 좋은 것으로 각지에서 가져와 그 약속이 하나님이 정하신 때에 이루어질 수 있도록 최선을 다했습니다. 다윗이 이런 모든 준비를 하며 드린 기도가 있습니다.

> 우리 하나님 여호와여, 우리가 주의 거룩한 이름을 위하여 성전을 건축하려고 미리 저축한 이 모든 물건이 다 주의 손에서

왔사오니 다 주의 것이니이다. 나의 하나님이여, 주께서 마음을 감찰하시고 정직을 기뻐하시는 줄을 내가 아나이다. 내가 정직한 마음으로 이 모든 것을 즐거이 드렸사오며 이제 내가 또 여기 있는 주의 백성이 주께 자원하여 드리는 것을 보오니 심히 기쁘도소이다. 우리 조상들 아브라함과 이삭과 이스라엘의 하나님 여호와여, 주께서 이것을 주의 백성의 심중에 영원히 두어 생각하게 하시고 그 마음을 준비하여 주께로 돌아오게 하시오며 또 내 아들 솔로몬에게 정성된 마음을 주사 주의 계명과 권면과 율례를 지켜 이 모든 일을 행하게 하시고 내가 위하여 준비한 것으로 성전을 건축하게 하옵소서 하였더라.

(역대상 29:16~19)

　다윗은 자신과 자신의 세대가 해야 할 성전건축 준비를 정직한 마음으로 기쁨으로 하나 되어 드린다고 고백합니다. 그리고 그 아들을 위해 구한 것은 오직 한 가지, 정성된 마음입니다. 그 마음이 하나님을 경외함으로 하나님의 뜻을 이루는 자가 되길 기도하였습니다.

　성전 건축은 무엇입니까? '하나님의 임재요, 하나님의 통치' 입니다. 이방 가운데 하나님의 백성을 통해 그분의 영광이 드러나게 하는 일입니다. 다윗이 보지 못한 다음 세대에서 아들 솔로

몬은 아버지의 기도대로 성전건축을 이룹니다. 아버지 다윗의 전 생애를 통한 준비와 기도가 아들 대에서 이루어진 것입니다.

하나님은 놀랍게도 다음 세대를 위해 우리를 하나님의 정병들로 준비하십니다. 그리고 그 일을 꿈꾸는 자들을 먼저 세우십니다. 바로 어머니, 당신입니다. 이 거룩한 이름 앞에 나의 자녀만 바라보는 자가 아니라 함께 자라는 아이들을 가슴에 품으셔야 합니다. 그 세대를 품어야 합니다. 그 세대를 품어 기도하는 자로 서야 합니다. 이 놀라운 사역에 초대되었으니 평생 이 기도를 가슴에 품고 정직한 마음을 드린 자들로 살아가야 할 것입니다.

어머니, 당신은 선교사이기 때문입니다.

어머니,
당신은
기도자입니다

어머니로 세워지는 성장이 일어나고 있습니까? 아는 것에서 그치지 않고 깨닫게 되어 변화가 일어나는 자리까지 한 걸음 나아가길 소망합니다. 그 과정은 우리가 자녀에게 기대하는 과정처럼 '자기주도 훈련'이 있어야 합니다. 4강에 걸친 모든 내용은 아는 것으로는 아무 유익이 없습니다. 봄철 농부, 팀 사역자, 멘토, 선교사라는 이름을 들은 어머니 스스로 정체성을 다시 확인하고 자신의 몫을 살아가는 것이요, 자녀를 위한 기도자로 전환되어야 합니다.

기도자의 자리에 나아가는 것은 나의 무력함을 인정하는 첫 번째 자세입니다. 하나님께 전적으로 항복하고 의뢰하고 순종하겠다는 자세입니다. 나의 경험과 지식이 우선되지 않는다는 것을 깨닫는 일입니다.

우리는 자녀를 키우며 함께 자라고 있다는 것을 알게 되었습니다. 하나님은 나의 경험과 지식을 신뢰해서 생명을 맡기신 것이 아닙니다. 하나님과 상관없는 경험은 영양가 없는 음식이요, 그 말씀과 상관없는 지식은 오히려 해로운 음식입니다. 이제 나의 무력함을 인정하며 나아가 기도자의 자리에 서야 합니다.

기도자의 자리에 나아가기 위해서는 눈을 감아야 합니다. 그동안 우리는 하나라도 더 배우려고 눈을 크게 떴습니다. 하나도 놓치지 않으려고 눈을 더 크게 떴습니다. 남들 보는 것을 나만 못

볼까 목을 길게 빼고 사방을 둘러보았습니다. 남들이 좋다는 것을 좇아가려고 눈을 떼지 않았습니다.

그러나 이제 그것을 멈추어야 함을 압니다. 그래서 눈을 감는 것입니다. 헛된 것을 좇지 않고 참된 것을 보기 위해 눈을 감는 것입니다. 그리고 하나님께서 열어주시는 하나님 나라를 보며 그 나라 시민의 정체성을 회복해 가는 자리에 눈을 감는 자세로 나아가야 합니다.

'내 감은 눈 안에 이미 들어와 계신 예수님 / 나보다 앞서 나를 찾아 주시네'

제가 자주 부르는 찬양 〈전부〉의 첫 소절입니다. 눈을 감고 세상과 단절된 그 곳에서 먼저 와 계신 그분을 만나는 것입니다.

기도자의 자리에 나아가는 것은, 의지하는 자세입니다. 주님만이 이 자녀의 생명의 주인이요, 그 인생의 통치자요, 동행자임을 고백하는 일입니다. 우리의 소속이 확인되면 완전히 의지하는 일이 가능해집니다. 어려움 가운데 있어도 주의 통치를 바라보고, 고통 가운데 있어도 주의 동행을 확인하는 시간으로 들어가는 자세입니다. 기도자의 자리에 나아가는 자에게 주님은 평안의 옷을 입히시고 기쁨의 신을 신게 하십니다.

기도의 자리에 나아가 생명의 주권자 되신 주님을 부르며 기도를 드릴 때, 다음의 몇 가지를 기억하면 좋습니다.

첫째, 믿음의 고백을 담아 주님을 부릅니다.

둘째, 회개의 기도를 드립니다. 믿음의 고백에 합당하지 못했던 생각과 행실과 마음에 숨겨진 죄의 모습들을 주께 고하고 용서를 구합니다.

셋째, 고백된 죄가 그리스도의 은혜로 용서받음을 감사드립니다. 구원의 은혜와 변치 않는 사랑과 끝날까지 함께하실 약속을 감사드립니다.

넷째, 은혜받은 자로 합당한 삶을 살기를 간구합니다.

이 네 가지 믿음의 고백, 회개와 용서, 은혜 감사, 간구와 소망의 순으로 기도문을 작성하면 중언부언하는 기도를 피할 수 있습니다. 매일 기도하지만 일주일에 한 편 정도를 쓴다면 내면 깊은 곳에서 주님을 만나는 기쁨이 더해질 것입니다. 그리고 자신이 작성한 기도문을 읽으며 기도하는 것도 좋습니다.

앞에서 얘기한 각 장의 제목에 따라 몇 개의 기도문을 소개합니다. 이 기도문은 샘물중고등학교 어머니들과 〈어머니 세움〉을 진행할 때 어머니들이 작성한 기도문들입니다. 이 기도문을 자신의 기도처럼 읽으며 기도하셔도 좋습니다.

　기도 외에는 할 수 있는 것이 없어 기도하는 자들에게 하나님은 기도만이 당신께서 일하심을 볼 수 있는 가장 힘 있는 자리임을 알게 하실 것입니다. 그 축복의 자리를 누리는 어머니로 세워지길 소망하고 축복합니다.

함부로 내뱉은 말과 차가운 시선으로 상처 준 것을
회개하게 해주셔서 감사합니다

〈어머니 세움〉의 자리로 인도하신 하나님.

'어머니, 당신은 농부입니다'를 듣고

마음속에 큰 변화가 생기고 있음에 놀랍고 감사합니다.

저는 지금껏 거친 농부였습니다.

나의 경험과 세상의 가치를 기준 삼는

무지한 농부였습니다.

통제하지 못하고 함부로 내뱉은 말과 차가운 시선으로

아이에게 상처 준 것을 회개합니다.

조급한 마음으로 열매만 바라보고 요구했음을 회개합니다.

하나님의 인도보다 '아이 때문에'라는 원망을

마음 깊은 곳에 숨기고 있었음을 회개합니다.

나의 수고와 애씀에 대한 보상을

아이에게 얻으려고 했음을 회개합니다.

어머니가 농부와 같음을 묵상케 하시고 그 역할과

위치를 깨닫게 하시니 감사합니다.

저의 작은 변화에도 아이가 밝아지고 행복해하는 모습에

놀랍고 감사합니다.

주님.

저를 변화시켜 주소서.

제가 기대하는 것보다 더 온전하신 주님을 배우게 하소서.

예수님의 이름으로 기도드립니다.

아멘.

어머니의 기도 2

내 눈이 더 이상 세상을 바라볼 수 없을 때까지
이 멋진 작품을 분실하지 않도록 인도해 주시옵소서

나를 사랑하시듯 나의 자녀들도 사랑하시는 하나님.

참 감사드립니다.

〈어머니 세움〉은 저를 향하신 하나님의 선물입니다.

1강을 들으며 깨달았습니다.

그동안 부모교육을 통해 내 자신이 많이 변했다고 생각했지만

정말 삶의 한 자락 속에 여전히 아이들에게 상처 주고

힘들게 하고 성숙하지 못한 어머니의 모습으로

서 있었습니다. 그것을 깨닫게 하시고 회개케 하시니
참 감사합니다.
말로 한 실수들이 참 많았습니다.
격려의 말보다 비판과 판단의 말을 훨씬 더 많이 했던 것
용서해 주세요.
은연중에 비교하고, 의도적으로 비교해서
열등감을 느끼게 한 것 용서해 주세요.

힘으로 누르고, 눈빛으로 누르고, 정말 치사하게
경제력으로 아이를 누르고 조정하려 했던 것 용서해 주세요.
하나님의 고귀한 사랑이 녹아 있는 이 아이들을
마치 내가 만든 것처럼 내 마음대로 키우고
내 의지대로 끌고 가려고 했던 것 용서해 주세요.
아이들을 향한 하나님의 계획과 큰 완성된 그림을 보지 못하고
이제 겨우 그려가는 밑그림을 보며 판단하고 지적하고
실망하고 좌절했던 것 용서해 주세요.
이제는 봄철 농부가 되어서 봄철 나무를 잘 키우는
지혜를 갖기를 원합니다. 저의 손에 쥐어 주신 호미로
섬세하고 조심스럽게 아이들의 성장을 방해하는
잡초를 제거해 주고 돌을 골라주며 뿌리를 다치지 않게

신경 쓰는 농부가 되게 하옵소서.

아이들을 위해 수고하고 노력하되 당연히 할 바를

하는 것임을 알고 생색냄으로써 아이들의 마음에 미안함과

죄책감이 들게 하지 않는 지혜를 배우길 원합니다.

봄과 여름을 지나 가을에 주렁주렁 열매 맺을 때까지

인내함으로 엄마의 역할을 잘 감당하게 하옵소서.

이 모든 과정 하나하나에서 받은 은혜를 세어보고 감사하는

지혜 주시길 간절히 소망합니다. 이제 그리스도의

장성한 분량까지 성장한 나의 자녀들을 내 가슴속에

내 눈 속에 새겨 둡니다. 내 심장이 멈추는 순간까지 내 눈이

더 이상 세상을 바라볼 수 없게 될 때까지 이 멋진 작품을

분실하지 않도록 인도해 주옵소서.

예수님의 이름으로 기도드립니다.

아멘.

아이들의 마음을 살피고 만져줄 수 있기를 소망하며, 저를 지속적으로 변화시켜 주시옵소서

하나님 아버지.

샘물 공동체로 함께할 수 있게 하심을 감사드립니다.

어머니의 자리에서 무지함과 부족함으로 사랑이라는 모습으로

아이들에게 상처의 흔적을 남겼음을 회개합니다.

나의 수고와 애쓴 것들을 아이들에게 보상받으려고

부담 주고 미안함까지 느끼게 했음을 회개합니다.

어머니 세움을 통해 어머니가 농부와 같음을 배우며

봄철과 여름철을 보내고 있는 아이들을 키우는 농부로서

그 역할과 위치를 알게 하시고

저를 돌아보고 살펴보게 하심을 감사드립니다.

하나님의 마음을 제게 보여 주셔서

아이들의 마음을 살피고 만져줄 수 있길 소망합니다.

아이들을 향한 하나님의 특별한 계획을 바라보고 기대합니다.

지속적으로 저를 변화시켜 주소서.

예수님의 이름으로 기도드립니다.

아멘.

어머니의 기도 **4**

남편과 함께 따뜻한 사랑으로 아이를 양육할 수 있도록
인도하여 주시옵소서

하나님 아버지.

저에게 자녀들을 맡겨주시고 함께 자녀를 양육해 갈

돕는 배필인 남편을 주셔서 감사합니다.

남편을 집안의 제사장으로 그리고 저의 좋은 팀 사역자로

세워주심도 감사합니다.

그동안 자녀를 양육함에 있어 좀 더 말씀을 바탕으로

양육하지 못했음을 용서해 주시고 세상의 가치관과 타협하며

살아옴도 용서해 주세요. 앞으로 남편과 함께 하나님의

바른 기준을 따르고 자녀의 성장을 축복하고 지지하는

따뜻한 사랑으로 자녀를 양육할 수 있도록

지혜로운 부모가 되게 해 주세요.

옳은 것을 기쁨으로 선택하고 행할 수 있는

저와 저의 가족이 되게 하여 주소서.

예수님의 이름으로 기도드립니다.

아멘.

주님 기뻐하실 과실을 믿음의 눈으로 바라보며
우리 부부가 한 팀으로 잘 세워지길 원합니다

저와 많이 다른 남편을 만나 있는 모습 그대로

인정하게 하시고 또 우리와는 많이 다른 두 자녀를

양육하게 하시니 감사합니다.

자녀가 자라면서 부모 된 저희도 깨지고 내려놓으면서

성장하고 있음을 고백합니다.

때로는 자녀 양육에서 저도 모르게 남편을

소외시켰던 것을 회개합니다.

바쁘고 분주한 삶을 사는 남편에게 자녀에 대한 정보를

잘 전달하고 자녀와의 대화가 성숙될 수 있도록 작전을 잘 세

우는 지혜를 주옵소서.

깨지지 않는 은혜의 둥지 속에서 아이들이

안정적으로 자라길 원합니다.

주님 기뻐하실 과실을 믿음의 눈으로 바라보며 우리 부부가 한

팀으로 잘 세워지길 원합니다.

예수님의 이름으로 기도합니다.

아멘.

저희에게 허락하신 확대 파트너들을
잘 활용할 수 있는 지혜를 주시옵소서

하나님 아버지, 감사합니다.

저에게 남편을 허락하셔서 가정을 꾸리게 하시고

두 자녀를 주심을 감사합니다.

부모 경험이 없어 아이들을 어떻게 키워야 할지 고민하며

기도할 때마다 지혜를 주시고 돕는 손길을 보내주신 것,

자녀를 통해 우리 부부가 더욱 견고하게 세워질 수

있게 하신 것, 아이들이 성장함에 따라 우리도 함께

성장하게 하신 것, 그리고 앞으로 더 놀라운 방식으로

우리 아이들을 이끄시며 우리를 성장하게 하실 것을 믿고

소망하게 하시니 감사합니다.

주님, 회개합니다.

자녀 양육을 위해 내가 먼저 주님의 법 아래 거하며

그 법을 지켜 행하고 그 법을 즐거워하지 못했습니다.

그래서 항상 이도 저도 아닌 회색지대에서 어정쩡하게

방황했고 아이들에게 신앙 가진 부모의 견고한 모습을

보이지 못했습니다. 규칙과 규범을 가르쳐야 할 때
인본주의적인 접근으로 하나님의 명령과 규례와 법도를
목숨 걸고 따라야 함을 가르치지 못했습니다.
지지하고 응원하는 사랑이 필요할 때 충분한 사랑을
전해주지 못했습니다.
이제는 남편과 한 마음이 되어 우리 자녀들을
하나님의 거룩한 백성으로 양육하도록 노력하겠습니다.
남편과 제가 자녀교육에 있어서 각자가 담당해야 할 것이
무엇인지, 서로 어떻게 도와야 하는지 잘 알게 하옵소서.
하나님 주신 목표를 함께 정하고 바라볼 수 있게 하시고
서로 연합하여 멋진 작전을 세울 수 있게 하시고 그 작전을
성공적으로 수행하여 단계마다 은혜의 간증이
쌓일 수 있게 하옵소서.
저희 부부에게 허락하신 확대 파트너들을 잘 활용할 수 있는
지혜를 주옵소서. 함께 기도하며 함께 나누며
함께 세워갈 수 있도록 인도하여 주시되
그 중심에 저희를 세워 주시고 헌신과 봉사로 주변의
모든 사람들이 주의 장성한 분량까지 성장하는 것을
잘 돕는 부부 되게 하옵소서.
예수님의 이름으로 기도드립니다.
아멘.

저에게도, 저희 아이에게도
좋은 멘토를 만나게 해 주시옵소서

하나님 아버지.

〈어머니 세움〉을 통해서 어머니로서의

나의 정체성을 찾게 하심을 감사합니다.

저는 멘토와는 너무도 거리가 먼 삶을 살았습니다.

멘토로서 해서는 안 되는 모습으로 아이를 대했습니다.

어려서부터 주도적으로 하려는 아이를 철저히 막았고,

자율적으로 시도하려는 것들을 기다려 주지 못했고,

스스로 해 보려고 애쓰는 아이를 한없이 작게 만들었고

무기력하게 했습니다. 엄마로서의 제 자존심을 세우기 위해

잘못된 권위를 남용했습니다. 이런 잘못된 멘토의 역할로

아이의 마음을 다치게 한 것을 회개합니다.

아버지의 원래 목적과 뜻을 알기 원합니다.

아버지의 사랑의 방법으로 사랑하며 격려해 주고 싶습니다.

자녀에게 기도의 울타리가 되어 주고 싶습니다.

저에게도 자녀에게도 좋은 멘토를 만나게 하옵소서.

좋은 영향력을 받고 또 끼치는 자 되게 하옵소서.

예수님이 온전한 멘토이심을 고백하는 인생 되게 하옵소서.

예수님의 이름으로 기도합니다.

아멘.

늘 축복의 말, 감사의 말로 아이를
대할 수 있도록 인도해 주시옵소서

사랑과 은혜를 주시는 아버지 하나님.

〈어머니 세움〉을 통해 어미 된 자로서 제 자신을 돌아보고

회개하게 하심을 감사합니다. 지난 15년간 아이를 키우면서

항상 제가 정한 기준, 제가 알고 있는 지식을 기준 삼았습니다.

부드럽지 못하고 엄격한 규칙만을 강조하며 아이를

힘들게 했음을 회개합니다. 또한 경제적으로 육체적으로

힘들 때마다 이 모든 희생이 자식 때문이라 생각하고

억울하고 화낸 무지한 어미였음을 회개합니다.

하나님의 말씀과 규례를 가르쳐야 함을 잊고 세상의 잣대를

휘두르며 앞서 나갈 때 힘들었을 아이를 생각하며
진실로 회개합니다.
〈어머니 세움〉 강의를 통해 가르쳐 주시고 깨닫게 하심을
감사합니다. 아이가 선생님을 존경하고 학교를
사랑하게 하심을 감사합니다.
흔들리지 않는 주의 약속 주심을 감사합니다.
주님!
주께서 주신 축복의 자녀이오니 늘 축복의 말,
감사의 말로 아이를 대할 수 있도록 인도해 주옵소서.
배운 것을 부부가 공유하며 한 팀으로 자녀를
사랑하게 하옵소서.
예수님의 이름으로 기도합니다.
아멘.

청소년 자녀를 성공적으로 키우기 위한

어머니 세움

발행일 초판 1쇄 2015년 3월 26일

지은이 박미숙
펴낸이 임후남

펴낸곳 생각을담는집
주 소 경기도 광주시 오포읍 머루숯길 81번길 33
전 화 070-8274-8587
팩 스 031-719-8587
전자우편 mindprinting@hanmail.net

디자인 nice age
인 쇄 올인피앤비

ISBN 978-89-94981-31-4 03230

국립중앙도서관 출판예정도서목록(CIP)

(청소년 자녀를 성공적으로 키우기 위한) 어머니 세움 /
지은이: 박미숙. ── 광주 : 생각을담는집, 2015

  p. ; cm

ISBN 978-89-94981-31-4 03230 : ₩12000

기독교 교육[基督敎敎育]
부모 교육[父母敎育]

235.7-KDC6
268-DDC23   CIP2015008691

「이 도서의 국립중앙도서관 출판예정도서목록(CIP)은 서지정보유통지원시스템 홈페이지(http://seoji.nl.go.kr)와
국가자료공동목록시스템(http://www.nl.go.kr/kolisnet)에서 이용하실 수 있습니다.(CIP제어번호: CIP2015008691)」

· 책값은 뒤표지에 있습니다.
· 잘못 만들어진 책은 구입하신 곳에서 교환해 드립니다.